Sociologia e Filosofia

Émile Durkheim

TEXTO INTEGRAL

Tradução
Fernando Dias Andrade

O texto deste livro está conforme o
Acordo Ortográfico da Língua Portuguesa (1990)

Dados Internacionais de Catalogação na Publicação (CIP)
(Câmara Brasileira do Livro, SP, Brasil)

Durkheim, Émile, 1858-1917.
Sociologia e filosofia / Émile Durkheim ; tradução Fernando Dias Andrade. -- São Paulo : Martin Claret, 2009. -- (Coleção a obra-prima de cada autor ; 269)

Título original : Sociologie et philosophie.
"Texto integral".
Bibliografia.
ISBN 978-85-7232-758-9

1. Filosofia 2. Sociologia I. Título. II. Série.

09-00164 CDD-301.01

Índices para catálogo sistemático:

1. Sociologia e filosofia 301.01

COLEÇÃO A OBRA-PRIMA DE CADA AUTOR

SOCIOLOGIA E FILOSOFIA

Émile Durkheim

TEXTO INTEGRAL

MARTIN CLARET

CRÉDITOS

Título original: *Sociologie et Philosophie* (1924). Publicação póstuma dos artigos (aqui transformados em capítulos): "*Représentations individuelles et représentations collectives*" (1898); "*Détermination du fait moral*" (1906); "*Réponses aux objections*" (1906); "*Jugements de valeur et jugements de réalité*" (1911).

IDEALIZAÇÃO E COORDENAÇÃO
Martin Claret

ASSISTENTE EDITORIAL
Rosana Gilioli Citino

CAPA
Ilustração
Marcellin Talbot

MIOLO
Tradução
Fernando Dias Andrade

Revisão
Durval Cordas

Projeto Gráfico
José Duarte T. de Castro

Direção de Arte
José Duarte T. de Castro

Editoração Eletrônica
Editora Martin Claret

Papel
Off-Set, 70g/m²

Impressão e Acabamento
PSI7

Editora Martin Claret Ltda. – Rua Alegrete, 62 – Bairro Sumaré
CEP: 01254-010 – São Paulo – SP
Tel.: (0xx11) 3672-8144 – Fax: (0xx11) 3673-7146

www.martinclaret.com.br / editorial@martinclaret.com.br
Agradecemos a todos os nossos amigos e colaboradores — pessoas físicas e jurídicas — que deram as condições para que fosse possível a publicação deste livro.

2ª REIMPRESSÃO - 2011

A história do livro e a coleção "A Obra-Prima de Cada Autor"

MARTIN CLARET

Que é o livro? Para fins estatísticos, na década de 1960, a UNESCO considerou o livro "uma publicação impressa, não periódica, que consta de no mínimo 56 páginas, sem contar as capas".

O livro é um produto industrial.

Mas também é mais do que um simples produto. O primeiro conceito que deveríamos reter é o de que o livro como objeto é o veículo, o suporte de uma informação. O livro é uma das mais revolucionárias invenções do homem.

A *Enciclopédia Abril* (1972), publicada pelo editor e empresário Victor Civita, no verbete "livro" traz concisas e importantes informações sobre a história do livro. A seguir, transcrevemos alguns tópicos desse estudo didático.

O livro na Antiguidade

Antes mesmo que o homem pensasse em utilizar determinados materiais para escrever (como, por exemplo, fibras vegetais e tecidos), as bibliotecas da Antiguidade estavam repletas de textos gravados em tabuinhas de barro cozido. Eram os primeiros "livros", depois progressivamente modificados até chegarem a ser feitos — em grandes tiragens — em papel impresso mecanicamente, proporcionando facilidade de leitura e transporte. Com eles, tornou-se possível, em todas as épocas, transmitir fatos, acontecimentos históricos, descobertas, tratados, códigos ou apenas entretenimento.

Como sua fabricação, a função do livro sofreu enormes modificações dentro das mais diversas sociedades, a ponto de constituir uma mercadoria especial, com técnica, intenção e utilização determinadas. No moderno movimento editorial das chamadas sociedades de consumo, o livro pode ser considerado uma mercadoria cultural, com maior ou menor significado no contexto socioeconômico em que é publicado. Enquanto mercadoria, pode ser comprado, vendido ou trocado. Isso não ocorre, porém, com sua função intrínseca, insubstituível: pode-se dizer que o livro é essencialmente um instrumento cultural de difusão de ideias, transmissão de conceitos, documentação (inclusive fotográfica e iconográfica), entretenimento ou ainda de condensação e acumulação do conhecimento. A palavra escrita venceu o tempo, e o livro conquistou o espaço. Teoricamente, toda a humanidade pode ser atingida por textos que difundem ideias que vão de Sócrates e Horácio a Sartre e McLuhan, de Adolf Hitler a Karl Marx.

Espelho da sociedade

A história do livro confunde-se, em muitos aspectos, com a história da humanidade. Sempre que escolhem frases e temas, e transmitem ideias e conceitos, os escritores estão elegendo o que consideram significativo no momento histórico e cultural que vivem. E, assim, fornecem dados para a análise de sua sociedade. O conteúdo de um livro — aceito, discutido ou refutado socialmente — integra a estrutura intelectual dos grupos sociais.

Nos primeiros tempos, o escritor geralmente vivia em contato direto com seu público, que era formado por uns poucos letrados, já cientes das opiniões, ideias, imaginação e teses do autor, pela própria convivência que tinham com ele. Muitas vezes, mesmo antes de ser redigido o texto, as ideias nele contidas já haviam sido intensamente discutidas pelo escritor e parte de seus leitores. Nessa época, como em várias outras, não se pensava na enorme porcentagem de analfabetos. Até o século XV, o livro servia exclusivamente a uma pequena minoria de sábios e estudiosos que constituíam os círculos intelectuais (confinados aos mosteiros durante o começo da Idade Média) e que tinham acesso às bibliotecas, cheias de manuscritos ricamente ilustrados.

Com o reflorescimento comercial europeu, nos fins do século XIV, burgueses e comerciantes passaram a integrar o mercado livreiro da época. A erudição laicizou-se e o número de escritores aumentou, surgindo também as primeiras obras escritas em línguas que não o latim e o grego (reservadas aos textos clássicos e aos assuntos considerados dignos de atenção). Nos séculos XVI e XVII, surgiram diversas literaturas nacionais, demonstrando, além do florescimento intelectual da época, que a população letrada dos países europeus estava mais capacitada a adquirir obras escritas.

Cultura e comércio

Com o desenvolvimento do sistema de impressão de Gutenberg, a Europa conseguiu dinamizar a fabricação de livros, imprimindo, em cinqüenta anos, cerca de 20 milhões de exemplares para uma população de quase 10 milhões de habitantes, cuja maioria era analfabeta. Para a época, isso significou enorme revolução, demonstrando que a imprensa só se tornou uma realidade diante da necessidade social de ler mais.

Impressos em papel, feitos em cadernos costurados e posteriormente encapados, os livros tornaram-se empreendimento cultural e comercial: os editores passaram logo a se preocupar com melhor apresentação e redução de preços. Tudo isso levou à comercialização do livro. E os livreiros baseavam-se no gosto do público para imprimir, principalmente obras religiosas, novelas, coleções de anedotas, manuais técnicos e receitas.

Mas a porcentagem de leitores não cresceu na mesma proporção que a expansão demográfica mundial. Somente com as modificações socioculturais e econômicas do século XIX — quando o livro começou a ser utilizado também como meio de divulgação dessas modificações e o conhecimento passou a significar uma conquista para o homem, que, segundo se acreditava, poderia ascender socialmente se lesse — houve um relativo aumento no número de leitores, sobretudo na França e na Inglaterra, onde alguns editores passaram a produzir obras completas de autores famosos, a preços baixos. O livro era então interpretado como símbolo de liberdade, conseguida por conquistas culturais. Entretanto, na maioria dos países, não houve nenhuma grande modificação nos índices porcentuais até o fim da Primeira Guerra Mundial (1914/18), quando surgiram as primeiras grandes tiragens de um só livro, principalmente romances, novelas e textos didáticos. O número elevado de cópias, além de baratear o preço da unidade, difundiu ainda mais a literatura. Mesmo assim, a maior parte da população de muitos países continuou distanciada, em parte porque o livro, em si, tinha sido durante muitos séculos considerado objeto raro, atingível somente por um pequeno número de eruditos. A grande massa da população mostrou maior receptividade aos jornais, periódicos e folhetins, mais dinâmicos e atualizados, e acessíveis ao poder aquisitivo da grande maioria. Mas isso não chegou a ameaçar o livro como símbolo cultural de difusão de ideias, como fariam, mais tarde, o rádio, o cinema e a televisão.

O advento das técnicas eletrônicas, o aperfeiçoamento dos métodos fotográficos e a pesquisa de materiais praticamente imperecíveis fazem alguns teóricos da comunicação de massa pensarem em um futuro sem os livros tradicionais (com seu formato quadrado ou retangular, composto de folhas de papel, unidas umas às outras por um dos lados). Seu conteúdo e suas mensagens (racionais ou emocionais) seriam transmitidos por outros meios, como por exemplo microfilmes e fitas gravadas.

A televisão transformaria o mundo todo em uma grande "aldeia" (como afirmou Marshall McLuhan), no momento em que todas as sociedades decretassem sua prioridade em relação aos textos escritos. Mas a palavra escrita dificilmente deixaria de ser considerada uma das mais importantes heranças culturais, entre todos os povos.

Através de toda a sua evolução, o livro sempre pôde ser visto como objeto cultural (manuseável, com forma entendida e interpretada em função de valores plásticos) e símbolo cultural (dotado de conteúdo, entendido e interpretado em função de valores semânticos). As duas maneiras podem fundir-se no pensamento coletivo, como um conjunto orgânico (onde texto e arte se completam, por exemplo, em um livro de arte) ou apenas como um conjunto textual (onde a mensagem escrita vem em primeiro lugar — em um livro de matemática, por exemplo).

A mensagem (racional, prática ou emocional) de um livro é sempre intelectual e pode ser revivida a cada momento. O conteúdo, estático em si, dinamiza-se em função da assimilação das palavras pelo leitor, que pode discuti-las, reafirmá-las, negá-las ou transformá-las. Por isso, o livro pode ser considerado instrumento cultural capaz de liberar informação, sons, imagens, sentimentos e ideias através do tempo e do espaço. A quantidade e a qualidade de ideias colocadas em um texto podem ser aceitas por uma sociedade, ou por ela negadas, quando entram em choque com conceitos ou normas culturalmente admitidos.

Nas sociedades modernas, em que a classe média tende a considerar o livro como sinal de *status* e cultura (erudição), os compradores utilizam-no como símbolo mesmo, desvirtuando suas funções ao transformá-lo em livro-objeto. Mas o livro é, antes de tudo, funcional — seu conteúdo é que lhe dá valor (os livros de ciências, filosofia, religião, artes, história e geografia, que representam cerca de 75% dos títulos publicados anualmente em todo o mundo).

O mundo lê mais

No século XX, o consumo e a produção de livros aumentaram progressivamente. Lançado logo após a Segunda Guerra Mundial (1939/45), quando uma das características principais da edição de um livro eram as capas entreteladas ou cartonadas, o livro de bolso constituiu um grande êxito comercial. As obras — sobretudo *best sellers* publicados algum tempo antes em edições de luxo — passaram a ser impressas em rotativas, como as revistas, e distribuídas nas bancas de jornal. Como as tiragens elevadas permitiam preços muito baixos, essas edições de bolso popularizaram-se e ganharam importância em todo o mundo.

Até 1950, existiam somente livros de bolso destinados a pessoas de baixo poder aquisitivo; a partir de 1955, desenvolveu-se a categoria do livro de bolso "de luxo". As características principais destes últimos eram a abundância de coleções — em 1964 havia mais de duzentas, nos Estados Unidos — e a variedade de títulos, endereçados a um público intelectualmente mais refinado. A essa diversificação das categorias adiciona-se a dos pontos de venda, que passaram a abranger, além das bancas de jornal, farmácias, lojas, livrarias, etc. Assim, nos Estados Unidos, o número de títulos publicados em edições de bolso chegou a 35 mil em 1969, representando quase 35% do total dos títulos editados.

Proposta da coleção
"A Obra-Prima de Cada Autor"

"Coleção" é uma palavra há muito tempo dicionarizada e define o conjunto ou reunião de objetos da mesma natureza ou que têm alguma relação entre si. Em um sentido editorial, significa o conjunto não limitado de obras de autores diversos, publicado por uma mesma editora, sob um título geral indicativo de assunto ou área, para atendimento de segmentos definidos do mercado.

A coleção "A Obra-Prima de Cada Autor" corresponde plenamente à definição acima mencionada. Nosso principal objetivo é oferecer, em formato de bolso, a obra mais importante de cada autor, satisfazendo o leitor que procura qualidade.*

Desde os tempos mais remotos existiram coleções de livros. Em Nínive, em Pérgamo e na Anatólia existiam coleções de obras literárias de grande importância cultural. Mas nenhuma delas superou a célebre biblioteca de Alexandria, incendiada em 48 a.C. pelas legiões de Júlio César, quando estas arrasaram a cidade.

A coleção "A Obra-Prima de Cada Autor" é uma série de livros a ser composta por mais de 400 volumes, em formato de bolso, com preço altamente competitivo, e pode ser encontrada em centenas de pontos de venda. O critério de seleção dos títulos foi o já estabelecido pela tradição e pela crítica especializada. Em sua maioria, são obras de ficção e filosofia, embora possa haver textos sobre religião, poesia, política, psicologia e obras de autoajuda. Inauguram a coleção quatro textos clássicos: *Dom Casmurro*, de Machado de Assis; *O Príncipe*, de Maquiavel; *Mensagem*, de Fernando Pessoa; e *O lobo do mar*, de Jack London.

Nossa proposta é fazer uma coleção quantitativamente aberta. A periodicidade é mensal. Editorialmente, sentimo-nos orgulhosos de poder oferecer a coleção "A Obra-Prima de Cada Autor" aos leitores brasileiros. Nós acreditamos na função do livro.

---

* Atendendo a sugestões de leitores, livreiros e professores, a partir de certo número da coleção começamos a publicar, de alguns autores, outras obras além da sua obra-prima.

Sociologia e Filosofia

Publicação póstuma dos artigos
(aqui transformados em capítulos):

**Representações individuais
e representações coletivas (1898)**

Determinação do fato moral (1906)

Respostas às objeções (1906)

Juízos de valor e juízos de realidade (1911)

CAPÍTULO 1

Representações individuais e representações coletivas*

Se a analogia não é um método de demonstração propriamente dito, é todavia um procedimento de ilustração e de verificação secundária que pode ter sua utilidade. De forma alguma não é interessante pesquisar se uma lei, estabelecida para uma ordem de fatos, não se encontra em uma outra, *mutatis mutandis*; esse paralelo pode inclusive servir para confirmar a lei, e tornar mais compreensível sua extensão. Em suma, a analogia é uma forma legítima da comparação e a comparação é o único meio prático de que dispomos para conseguir tornar as coisas inteligíveis. O erro dos sociólogos biologistas não está, portanto, em tê-la empregado, mas em tê-la empregado mal. Eles quiseram, não controlar as leis da sociologia pelas da biologia, mas induzir as primeiras das segundas. Tais inferências, todavia, não têm valor; afinal, se as leis da vida se encontram na sociedade, é sob formas novas e com traços específicos que a analogia não permite conjeturar e que só podem ser alcançados pela observação direta. Mas, se tivéssemos começado por determinar, com o auxílio de pro-

* Publicado na *Revue de Métaphysique et de Morale*, tomo VI, maio de 1898. (Nota dos Editores de 1924)

cedimentos sociológicos, certas condições da organização social, teria sido perfeitamente legítimo examinar em seguida se estas não apresentavam semelhanças parciais com as condições da organização animal, tais como as que o biologista determina por sua vez. Podemos mesmo prever que toda organização deve ter traços comuns que não é inútil extrair.

Mas ainda é mais natural pesquisar as analogias que podem existir entre as leis sociológicas e as leis psicológicas, porque esses dois reinos são mais imediatamente vizinhos um do outro. A vida coletiva, como a vida mental do indivíduo, é feita de representações; é, portanto, presumível que representações individuais e representações sociais sejam, de alguma maneira, comparáveis. Vamos, com efeito, tentar mostrar que umas e outras sustentam a mesma relação com seu substrato respectivo. Mas esse paralelo, longe de justificar a concepção que reduz a sociologia a ser apenas um corolário da psicologia individual, aceitará, ao contrário, a independência relativa desses dois mundos e dessas duas ciências.

I

A concepção psicológica de Huxley e de Maudsley, que reduz a consciência a ser apenas um epifenômeno da vida física, não conta com quase nenhum defensor; mesmo os representantes mais autorizados da escola psicofisiológica a rejeitam formalmente e se esforçam em mostrar que ela não está implicada em seu princípio. É que, com efeito, a noção cardinal desse sistema é puramente verbal. Existem fenômenos cuja eficácia é restrita, isto é, que afetam só debilmente os fenômenos ambientes; mas a idéia de um fenômeno adicional que não serve a nada, que não faz nada, que não é nada é vazia de todo conteúdo positivo. As próprias metáforas que os teóricos da escola empregam mais freqüentemente para exprimir seu pensamento encontram-se entre esses fenômenos. Eles dizem que a consciência é um simples reflexo dos processos cerebrais subjacentes, uma claridade que os acompanha, mas não os constitui. Mas uma claridade não é um nada: é uma realidade, que atesta sua presença por efeitos especiais. Os objetos não são os mesmos e a única mesma ação que têm é o estarem ou não iluminados; seus traços podem ser alterados pela luz que recebem. Da mesma forma, o fato de conhecer, ainda que imperfeitamente, o processo orgânico que consideramos a essência do fato psíquico constitui uma novidade que não é sem importância e que se manifesta por sinais apreciáveis. Afinal, quanto mais desenvolvida é essa faculdade de conhecer o que se passa em nós, mais também os movimentos do sujeito perdem esse automatismo que é a característica da vida física. Um agente dotado de consciência não se conduz como um ser cuja atividade se reduziria a um sistema de reflexos: ele hesita, tateia, delibera, e é essa particularidade que reconhecemos nele. A excitação exterior, em lugar de se liberar imediatamente em movimentos, está sujeita à passagem, submetida a uma elaboração *sui generis*, e um tempo mais ou menos longo se passa antes que a reação motriz apareça. Essa indeterminação relativa não existe onde não existe consciência, e ela cresce com a consciência. Portanto, a consciência não tem a inércia que se lhe atribui. Como, aliás, poderia ser de outra maneira? Tudo o que existe, existe de uma maneira determinada, tem propriedades caracterizadas. Mas toda propriedade se traduz por manifestações que não se produziriam se ela mesma não existisse; afinal, é por essas manifestações que ela se define. Todavia, chamemos a consciência pelo nome que quisermos, ela tem traços sem os quais não seria representável ao espírito. Em conseqüência, a partir do momento em que ela existe, as coisas não poderiam se passar como se ela não existisse.

A mesma objeção pode ainda ser apresentada sob a forma seguinte. É um lugar-comum da ciência e da filosofia que toda coisa está submetida ao devir. Mas mudar é produzir efeitos; afinal, mesmo o móvel mais passivo não deixa de participar ativamente do movimento que recebe, sendo somente pela resistência que a ele se opõe. Sua velocidade, sua direção dependem em parte de seu peso, de sua constituição molecular, etc. Se, portanto, toda mudança supõe por si mesma que mude uma certa eficácia causal e se, entretanto, a consciência, uma vez produzida, é incapaz de nada produzir, é preciso dizer que, a partir do momento em que a consciência existe, está fora do devir. Ela permaneceria, então, o que ela é enquanto é; a série de transformações de que faz parte pararia nela; além disso, não haveria mais nada. Ela seria, em certo sentido, o termo extremo do real, *finis ultimus naturae*. Não há necessidade de fazer notar que uma tal noção não é pensável; ela contradiz os princípios de toda ciência. A matéria em que se extinguem as representações torna-se igualmente ininteligível desse ponto de vista; afinal, um composto que se dissolve é sempre, em alguns traços, fator de sua própria dissolução.

Parece-nos inútil discutir mais longamente um sistema que, tomado literalmente, é uma contradição em termos. Porque a observação revela a existência de uma ordem de fenômenos chamados representações, que, distinguindo-se por traços particulares dos outros fenômenos da natureza, tornam contrário a todo método tratá-los como se não existissem. Sem dúvida, eles têm causas, mas são causas particulares. A vida é só uma combinação de partículas minerais; ninguém imagina, todavia, torná-la um epifenômeno da matéria bruta. Somente, uma vez acordada essa proposição, é preciso aceitar suas conseqüências lógicas. Todavia, existe uma, e fundamental, que parece ter escapado a vários psicólogos, e que buscaremos esclarecer.

Tornou-se quase clássico reduzir a memória a nada mais que um fato orgânico. A representação, dizem, não se conserva enquanto tal; quando uma sensação, uma imagem, uma idéia cessou de nos ser representada, ela cessou, no mesmo ato, de existir, sem deixar nenhum traço de si. Unicamente, a impressão orgânica que precedeu essa representação não desaparece por completo: restaria uma certa modificação do elemento nervoso, que o predisporia a vibrar novamente como vibrara da primeira vez. Venha uma causa qualquer, portanto, a excitá-lo, e essa mesma vibração se reproduzirá e, em conseqüência, veremos reaparecer na consciência o estado psíquico que já se produziu, nas mesmas condições, no momento da primeira experiência. Eis de onde proviria e em que consistiria a lembrança. Seria, portanto, em conseqüência de uma verdadeira ilusão que esse estado renovado nos parece ser uma revivificação do primeiro. Na realidade, se a teoria é exata, ele constitui um fenômeno completamente novo. Não é a mesma sensação que se revela após ter sido paralisada durante algum tempo; é uma sensação inteiramente original, já que não restou nada daquela que tivera lugar primitivamente. E acreditaríamos realmente que jamais o experimentamos se, por um mecanismo bem conhecido, ela não viesse por si mesma a se localizar no passado. Mas é *a mesma* nas duas experiências; é o estado nervoso, condição tanto da segunda representação quanto da primeira.

Essa tese não é somente a que sustenta a escola psicofisiológica; ela é admitida explicitamente por numerosos psicólogos que acreditam na realidade da consciência e chegam mesmo a ver na vida consciente a forma eminente do real. Para Léon Dumont, "quando não pensamos a idéia, ela não existe nem mesmo no estado latente; existe somente uma de suas condições, a que é permanente, e que serve para explicar como, com o concurso de outras condições, o mesmo pensamento pode se renovar". Uma lembrança resulta "da combinação de dois elementos: a) uma maneira de ser do organismo; b) um complemento de força vindo de fora"[1]. O Sr. Rabier escreve quase nos mesmos termos: "A condição da revivescência é uma excitação nova que, somando-se às condições que constituem o hábito, tem por efeito restaurar um estado dos centros nervosos (impressão) semelhante, embora ordinariamente bem frágil, àquele que provocou o estado de consciência primitivo"[2]. William James é mais formal ainda: "O fenômeno da

[1] "De l'habitude". In: *Revue Philosophique*, I, pp. 350, 351. (N. do A.)

[2] *Leçons de philosophie*, I, p. 164. (N. do A.)

retenção", diz ele, "não é absolutamente um fato de ordem mental (*it is not a fact of the mental order at all*). É um puro fenômeno físico, um estado morfológico que consiste na presença de certas vias de condução na intimidade dos tecidos cerebrais"[3]. A representação se junta à reexcitação da região afetada, tal como ela é somada à excitação primeira: mas, no intervalo, ela deixou completamente de existir. Ninguém insiste mais vivamente que James na dualidade dos dois estados e em sua heterogeneidade. Não há nada em comum entre eles, salvo os traços deixados no cérebro pela experiência anterior, tornando a segunda mais fácil e mais imediata[4]. A conseqüência, por outro lado, decorre logicamente do próprio princípio da explicação.

Mas como não perceber que com isso retornamos àquela teoria de Maudsley que tínhamos rejeitado em primeiro lugar, não sem desdém[5]? Se, em cada momento do tempo, a vida psíquica consiste exclusivamente nos estados atualmente dados à consciência clara, é preciso também dizer que ela se reduz a nada. Há quem afirme, com efeito, que o campo de visão da consciência, como diz Wundt, tem muito pouca extensão; é possível contar seus elementos. Se, portanto, eles são os únicos fatores psíquicos de nossa conduta, convém admitir que esta é posta inteiramente sob a dependência exclusiva de causas psíquicas. O que nos dirige não são as poucas idéias que ocupam presentemente nossa atenção; são todos os resíduos deixados por nossa vida anterior; são os hábitos inquietos, os preconceitos, as tendências que nos movem sem que as justifiquemos; é, numa palavra, tudo o que constitui nossa feição moral. Se, portanto, nada disso tudo é mental, se o passado só sobrevive em nós sob forma material, é propriamente o organismo que conduz o homem. Afinal, o que a consciência

---

[3] *Principles of psychology*, I, p. 655. (N. do A.)

[4] Ibid., p. 656. (N. do A.)

[5] Ibid., pp. 138-145. (N. do A.)

pode alcançar desse passado num instante dado não é nada ao lado do que dele resta despercebido; as impressões nada mais são que uma ínfima exceção. De resto, a sensação pura, na medida em que existe, é, de todos os fenômenos intelectuais, aquele ao qual a palavra epifenômeno poderia menos impropriamente se aplicar. Afinal, está claro que tal sensação depende estritamente da disposição dos órgãos, a menos que um outro fenômeno mental intervenha e a modifique, e, nesse caso, ela não é mais sensação pura.

Mas vamos mais longe; vejamos o que se passa na consciência atual. Será possível dizer ao menos que os poucos estados que a ocupam têm uma natureza específica, que estão submetidos a leis específicas e que, se sua influência é frágil por causa de sua inferioridade numérica, ela não deixa de ser original? Poucas coisas viriam, assim, a se sobrepor à ação das forças vitais, sem dúvida; entretanto, seria alguma coisa. Mas como isso seria possível? A vida própria desses estados só pode consistir na maneira *sui generis* pela qual se agrupam. Seria preciso que pudessem se chamar, se associar a partir de afinidades que derivassem de seus traços intrínsecos, e não das propriedades e das disposições do sistema nervoso. Todavia, se a memória é coisa orgânica, essas associações só podem ser simples reflexo de conexões igualmente orgânicas. Afinal, se uma representação determinada só pode ser evocada por intermédio do estado psíquico antecedente, como esse último só pode mesmo ser restaurado por uma causa física, as idéias só se ligam porque os pontos correspondentes da massa cerebral estão eles mesmos ligados, e materialmente. É isso, por outro lado, o que declaram expressamente os partidários da teoria. Ao deduzir esse corolário do princípio deles, asseguramos não cometer violência contra seu pensamento; afinal, nós não lhes supomos nada que eles não professem explicitamente, como a lógica aí lhes obriga. A lei psicológica da associação, diz James, "é apenas a conseqüência, no espírito, desse fato totalmente psíquico de que correntes nervosas se propagam mais facilmente por vias de condução que já tinham sido percorridas"[6]. E o Sr. Rabier: "Quando se trata de uma associação, o estado sugestivo *a* tem sua condição numa impressão nervosa A; o estado sugerido *b* tem sua condição numa outra condição nervosa B. Isto posto, para explicar como essas duas impressões e, em conseqüência, esses dois estados de consciência se sucedem, há somente um passo a dar — bem fácil, na verdade —, qual seja, admitir *que a oscilação nervosa propagou-se de* A *para* B; e isso porque, tendo o movimento cumprido esse trajeto já uma primeira vez, a mesma rota daí por diante lhe é mais fácil"[7].

Mas, se a ligação mental é apenas um eco da ligação física e faz apenas repeti-la, ela serve para quê? Por que o movimento nervoso não determina imediatamente o movimento muscular, sem que esse fantasma de consciência venha se intercalar entre eles? Acaso retomaríamos as expressões que nós mesmos empregávamos há pouco e diríamos que esse eco tem sua realidade, que uma vibração molecular acompanhada de consciência não é idêntica à mesma vibração sem consciência, que, por conseguinte, alguma coisa surgiu de novo? Mas os defensores da concepção epifenomenista não usam uma outra linguagem. Também eles bem sabem que a cerebração inconsciente difere do que eles chamam uma cerebração consciente. Trata-se, apenas, de saber se essa diferença decorre da natureza da cerebração, da intensidade maior da oscilação nervosa, por exemplo, ou se ela se deve principalmente à adição da consciência. Todavia, para que essa adição não constituísse uma simples superfetação, uma espécie de luxo incompreensível, seria preciso que a consciência assim acrescentada fosse uma maneira de agir que pertencesse somente a ela; que ela fosse suscetível de produzir efeitos que, sem ela, não teriam lugar. Mas, se, como supomos, as leis às quais ela está submetida são apenas uma transposição das que regem a matéria

[6] Op. cit., I, p. 563. (N. do A.)

[7] Op. cit., I, p. 195. (N. do A.)

nervosa, as primeiras fazem duplo emprego com essas últimas. Não podemos inclusive supor que a combinação, nada mais fazendo que reproduzir certos processos cerebrais, dê origem todavia a algum estado novo, dotado de uma autonomia relativa, e que não seja um puro sucedâneo de algum fenômeno orgânico. Afinal, segundo a hipótese, um estado não pode durar se o que ele tem de essencial não envolve inteiramente, numa certa polarização, células cerebrais. Mas o que é um estado de consciência sem duração?

De uma maneira geral, se a representação só existe enquanto o elemento nervoso que a suporta se acha nas condições de intensidade e de qualidade determinadas, e se desaparece desde que não sejam realizadas essas condições no mesmo grau, ela não é nada por ela mesma; ela não tem outra realidade além da que detém de seu substrato. É, como dizem Maudsley e sua escola, uma sombra projetada da qual não resta mais nada quando o objeto cujos contornos ela reproduz vagamente não está mais lá. Donde deveríamos concluir que não existe vida que seja propriamente física nem, por conseqüência, matéria para uma psicologia propriamente dita. Afinal, nessas condições, se pretendemos compreender os fenômenos mentais, a matéria de que eles se produzem, se reproduzem e se modificam, não são esses fenômenos que precisamos considerar e analisar; são os fenômenos anatômicos, dos quais eles nada mais são que a imagem mais ou menos fiel. Não podemos mesmo dizer que eles reagem uns aos outros e se modificam mutuamente, já que suas relações são somente uma encenação aparente. Quando dizemos, de imagens percebidas em um espelho, que elas nele se lançam, se repelem, se sucedem, etc., bem sabemos que essas expressões são metafóricas; elas são verdadeiras literalmente apenas quanto aos corpos que produzem esses movimentos. De fato, atribuímos tão pouco valor a essas manifestações que nem sequer experimentamos a necessidade de questionar em que elas se tornam e como é possível que apareçam. Achamos completamente natural que uma idéia que agora mesmo ocupava a nossa consciência possa tornar-se nada no instante seguinte; para que essa idéia possa se aniquilar tão facilmente é preciso, evidentemente, que ela tenha tido somente um semblante de existência.

Se, portanto, a memória é exclusivamente uma propriedade dos tecidos, a vida mental não é nada fora da memória. Não que nossa atividade intelectual consista exclusivamente em responder sem modificações aos estados de consciência anteriormente experimentados. Mas, para que esses estados possam ser submetidos a uma elaboração verdadeiramente intelectual, diferente, por conseqüência, das que implicam unicamente as leis da matéria viva, ainda é preciso que tenham uma existência relativamente independente de seu substrato material. Senão, tais estados se agruparão, tal como nascem e renascem, a partir das afinidades puramente físicas. Às vezes, é verdade, cremos escapar a esse niilismo intelectual quando imaginamos uma substância ou não sei qual forma superior às determinações fenomênicas; falamos vagamente de um pensamento distinto dos materiais que o cérebro lhe fornece e que elaboraria tais materiais por procedimentos *sui generis*. Mas o que seria um pensamento que não fosse um sistema e uma seqüência de pensamentos particulares, senão uma abstração realista? A ciência não tem de conhecer substâncias nem formas puras, existam elas ou não. Para o psicólogo, a vida representativa não é outra coisa além de um conjunto de representações. Se, portanto, as representações de toda ordem morrem tão logo tenham nascido, de que o espírito pode ser feito? É preciso escolher: ou o epifenomenismo é verdadeiro, ou existe uma memória propriamente mental. Todavia, vimos o que há de insustentável na primeira solução. Por conseguinte, a segunda se impõe a quem quiser ficar de acordo consigo mesmo.

II

Mas ela se impõe também por uma outra razão.

Acabamos de mostrar que, se a memória é exclusivamente

uma propriedade da substância nervosa, as idéias não podem se evocar mutuamente; a ordem na qual elas retornam ao espírito só pode reproduzir a ordem na qual seus antecedentes físicos são reexcitados, e essa própria reexcitação só pode ser devida a causas puramente físicas. Essa proposição está tão bem implicada nas premissas do sistema que é formalmente admitida por todos os que o professam. Todavia, não somente leva, como acabamos de mostrar, a fazer da vida psíquica uma aparência sem realidade, mas é diretamente contrariada pelos fatos. Há casos — e esses são os mais importantes — em que a maneira pela qual as imagens são evocadas não parece poder se explicar assim. Sem dúvida, podemos muito bem imaginar que duas idéias não possam se produzir simultaneamente na consciência ou se seguir imediatamente, sem que os pontos do encéfalo que lhes servem de substratos tenham sido postos em comunicação material. Em conseqüência, não é impossível *a priori* que toda excitação nova de um, seguindo a linha da menor resistência, se estenda ao outro e determine assim a reaparição de seu conseqüente psíquico. Mas não existem conexões orgânicas conhecidas que possam fazer compreender como duas idéias semelhantes podem evocar uma à outra pelo simples fato de sua semelhança. Nada do que sabemos sobre o mecanismo cerebral nos permite conceber como uma vibração que se produz em A poderia ter uma tendência a se propagar em B pelo simples fato de que entre as representações *a* e *b* existe alguma similitude. Eis por que toda psicologia que vê na memória um fato puramente biológico só pode explicar as associações por semelhança reportando-as às associações por contigüidade, isto é, negando-lhes toda realidade.

Essa redução foi tentada[8]. Se, dizem, dois estados se assemelham, é porque têm ao menos uma parte em comum. Esta, repetindo-se identicamente nas duas experiências, tem o mes-

[8] Ver James, op. cit., I, p. 690. (N. do A.)

mo elemento nervoso como suporte. Esse elemento se encontra, assim, em relação com os dois grupos diferentes de células aos quais correspondem as partes diferentes dessas duas representações, já que concorreu tanto com um quanto com o outro. Em conseqüência, esse elemento serve de liame entre os dois grupos e é assim que as próprias idéias se ligam. Por exemplo, vejo uma folha de papel branco; a idéia que tenho compreende uma certa imagem de brancura. Se uma causa qualquer vier a excitar particularmente a célula que, vibrando, produziu essa sensação colorida, uma corrente nervosa nascerá daí, que se irradiará totalmente em volta, mas seguindo, de preferência, as vias que encontrar totalmente traçadas. Isso significa que essa corrente se transmitirá aos outros pontos que estavam já em comunicação com o primeiro. Mas os que satisfazem a essa condição são também os que suscitaram representações semelhantes, em um ponto, à primeira. É assim que a brancura do papel me fará pensar na da neve. Duas idéias que se assemelham se acharão, portanto, associadas, ainda que a associação seja o produto, não da semelhança propriamente dita, mas de uma contigüidade puramente material.

Mas essa explicação se fundamenta em uma série de postulados arbitrários. Em primeiro lugar, não há razão para ver as representações como formadas por elementos definidos, espécies de átomos que poderiam entrar, ficando idênticos a si mesmos, na contextura das representações mais diversas. Nossos estados mentais não são assim, feitos de peças e de pedaços que se emprestariam mutuamente, conforme as ocasiões. A brancura desse papel e a da neve não são as mesmas e nos são dadas em representações diferentes. Diremos que elas se confundem pelo fato de que a sensação da brancura em geral se acha em ambas? Seria preciso então admitir que a idéia da brancura em geral constitui uma espécie de entidade distinta que, ao se agrupar com entidades diferentes, daria origem a tal sensação determinada de brancura. Todavia, um fato isolado não pode justificar uma tal hipótese. Tudo prova, ao contrário — e é curioso que James tenha contribuído mais que ninguém para demonstrar essa proposição —, tudo prova que a vida psíquica é um curso contínuo de representações, não sendo possível dizer jamais onde uma começa e outra termina. Elas se penetram mutuamente. Sem dúvida, o espírito chega pouco a pouco a distinguir partes aí. Mas essas distinções são obra nossa; somos nós que as introduzimos no *continuum* psíquico, bem longe de encontrá-las nele. É a abstração que nos permite analisar assim o que nos é dado num estado de complexidade indivisa. Porém, a partir da hipótese que discutimos, o cérebro é que deveria efetuar por ele mesmo todas essas análises, já que todas essas divisões teriam uma base anatômica. Sabemos, por outro lado, com que dificuldade chegamos a dar aos produtos da abstração uma espécie de fixidez e de individualidade sempre mais precária, graças ao artifício da palavra. Tamanha é a necessidade de que essa dissociação seja conforme à natureza original das coisas!

Mas a concepção fisiológica, que está na base da teoria, é ainda mais insustentável. Admitamos que as idéias sejam assim decomponíveis. Seria preciso, ainda, admitir que a cada uma das partes em que elas são assim decompostas corresponde um elemento nervoso determinado. Haveria então uma parte da massa cerebral que seria a sede das sensações de vermelho, uma outra das sensações de verde, etc. E dizê-lo nem é suficiente. Seria preciso um substrato especial para cada nuança de verde, de vermelho, etc.; afinal, segundo a hipótese, duas cores de mesma nuança só podem se evocar mutuamente se os pontos por onde se assemelham correspondem a um único e mesmo estado orgânico, já que toda similitude psíquica implica uma coincidência espacial. Todavia, uma tal geografia cerebral deriva mais da ficção que da ciência. Sem dúvida, sabemos que certas funções intelectuais estão mais estreitamente ligadas a determinadas regiões que a outras; ainda assim, essas localizações não têm nada de preciso nem de rigoroso, como o prova o fato das substituições. Ir mais longe, supor que cada representação reside numa célula determinada já é um postulado gratuito, do qual a seqüência deste estudo mostrará a impossibilidade. Que dizer, então, da hipótese segundo a qual os elementos últimos da representação (supondo que existam, e que a palavra exprima uma realidade) seriam eles mesmos não menos estritamente localizados? Assim, a representação da folha sobre a qual escrevo estaria literalmente dispersa em todos os setores do cérebro! Não somente existiria de um lado a impressão da cor, de outro a da forma, e de outro ainda a da resistência, mas ainda a idéia da cor em geral teria sede aqui, ali residiriam os atributos distintivos de tal nuança particular, acolá traços especiais que essa nuança toma no caso presente e individual que tenho sob os olhos, etc. Como não ver, deixando de lado qualquer outra consideração, que, se a vida mental está dividida a tal ponto, se ela é formada de uma tal nuvem de elementos orgânicos, a unidade e a continuidade que apresenta se tornam incompreensíveis?

Poderíamos questionar também como, se a semelhança de duas representações é devida à presença de um único e mesmo elemento tanto em uma como na outra, esse elemento único poderia parecer duplo. Se temos uma imagem ABCD e uma outra AEFG, evocada pela primeira, e, por conseqüência, o processo total pode ser figurado pelo esquema (BCD) A (EFG), como podemos perceber dois A? Responderemos que essa distinção se faz graças aos elementos diferenciais que são dados ao mesmo tempo: como A está engajado ao mesmo tempo no sistema BCD e no sistema EFG, e esses dois sistemas são distintos um do outro, a lógica, dizemos, nos obriga a admitir que A é duplo. Mas, embora possamos explicar por que devemos *postular* essa dualidade, não há como chegar, por meio disso, a compreender como, de fato, nós a *percebemos*. Por mais que possa ser razoável conjeturar que uma mesma imagem se relaciona a dois conjuntos de circunstâncias diferentes, não segue daí que nós a *vejamos desdobrada*. No instante atual, represento simultaneamente para mim, por um lado, essa folha de papel branco e, por outro, a neve espalhada sobre o solo. Eis, portanto, que há em meu espírito duas representações de brancura e não uma apenas. Assim, com efeito, simplificam-se artificialmente as coisas quando a similitude é reduzida a nada mais que uma identidade parcial. Duas idéias semelhantes são distintas justamente pelos pontos em que podem ser superpostas. Os elementos que dizemos serem comuns a uma e a outra existem separadamente em uma e na outra; nós não os confundimos quando os comparamos. São a relação *sui generis* que se estabelece entre eles, a combinação especial que eles formam em virtude dessa semelhança, as características particulares dessa combinação que nos dão a impressão da similitude. Mas combinação supõe pluralidade.

Não podemos, portanto, reportar a semelhança à contigüidade sem desconhecer a natureza da semelhança e sem fazer hipóteses, ao mesmo tempo fisiológicas e psicológicas, que nada justificam: donde resulta que a memória não é um fato puramente físico, que as representações como tais são suscetíveis de conservar. Com efeito, se elas desvanecessem totalmente depois de terem saído da consciência atual, se elas sobrevivessem somente sob a forma de um vestígio orgânico, as similitudes que elas podem ter com uma idéia atual não teriam como extraí-las do nada; afinal, não pode haver nenhuma relação de similaridade, direta ou indireta, entre esse vestígio cuja sobrevivência admitimos e o estado psíquico presentemente dado. Se, no momento em que vejo esta folha, não resta mais nada, em meu espírito, da neve que eu vira precedentemente, a primeira imagem não pode agir sobre a segunda nem esta sobre aquela; uma, portanto, só pode evocar a outra pelo que ela lhe lembra. Mas o fenômeno não tem nada mais de ininteligível, se existe uma memória mental, se as representações passadas persistem na qualidade de representações, se a rememoração, enfim, consiste, não numa criação nova e original, mas somente numa nova emergência à claridade da consciência. Se nossa vida psíquica só se aniquila à medida que se escoa, não há solução de continuidade entre nossos estados anteriores e nossos estados atuais; não existe portanto, nada a impossibilitar que tais estados ajam uns sobre os outros e que o resultado dessa ação mútua possa, em certas condições, acentuar o bastante a intensidade dos primeiros para que se tornem outra vez conscientes.

Há quem objete, é verdade, que a semelhança não pode explicar como as idéias se associam, porque só pode aparecer se as idéias estão já associadas. Se a semelhança é conhecida, dizem, é porque foi feita a aproximação; aquela não pode, portanto, ser causa desta. Mas o argumento confunde equivocadamente a semelhança e a percepção da semelhança. Duas representações podem ser semelhantes, como as coisas que elas exprimem, sem que o saibamos. As principais descobertas da ciência consistem precisamente em perceber analogias ignoradas entre idéias conhecidas por todo o mundo. Todavia, por que essa semelhança não percebida não produziria efeitos que serviriam precisamente para caracterizá-la e para fazê-la perceber? As imagens, as idéias agem umas sobre as outras, e essas ações e essas reações devem necessariamente variar de acordo com a natureza das representações; notadamente, elas devem mudar segundo as representações que são assim relacionadas se assemelhem, difiram ou contrastem. Não existe nenhuma razão para que a semelhança não desenvolva uma propriedade *sui generis* em virtude da qual dois estados, separados por um intervalo de tempo, seriam levados a se aproximar. Para admitir a realidade das representações, não é de forma alguma necessário imaginar que sejam coisas em si; basta concordar que não são nada, que são fenômenos, mas reais, dotados de propriedades específicas e que se comportam de maneiras diferentes uns com os outros, conforme tenham, ou não, propriedades comuns. Podemos encontrar nas ciências da natureza diversos fatos em que a semelhança age dessa maneira. Quando corpos de densidade diferente são fundidos, os que têm uma densidade diferente tendem a se agrupar entre si e a se distinguir dos outros. Entre os vivos, os elementos semelhantes têm uma tal afinidade uns pelos outros que acabam por desaparecer uns nos outros e por se tornar indistintos. Sem dúvida, é-nos permitido acreditar que esses fenômenos de atração e de coalescência se explicam por razões mecânicas e não por uma atração misteriosa que semelhante teria por semelhante. Mas por que o agrupamento das representações similares no espírito não se explicaria de uma maneira análoga? Por que não existiria um mecanismo mental (mas não exclusivamente psíquico) que justificasse essas associações sem fazer intervir nenhuma virtude oculta nem nenhuma entidade escolástica?

Talvez não seja mesmo impossível perceber desde logo, ao menos genericamente, em qual sentido poderia ser buscada essa explicação. Uma representação não se produz sem agir sobre o corpo e sobre o espírito. Já, para surgir, ela supõe certos movimentos. Para ver uma casa que está atualmente sob minha visão, me é preciso contrair de uma certa maneira os músculos do olho, dar à cabeça uma certa inclinação, de acordo com a altura e as dimensões do edifício; além disso, a sensação, uma vez que ela exista, determina movimentos por seu turno. Todavia, se tal sensação já teve lugar uma primeira vez, isto é, se a mesma casa foi vista precedentemente, os mesmos movimentos foram executados nessa ocasião. São os mesmos músculos que foram movimentados e da mesma maneira, ao menos em parte, isto é, na medida em que as condições objetivas e subjetivas da experiência se repetem identicamente. Existe, portanto, desde já, uma relação de conexidade entre a imagem dessa casa, tal como a conserva minha memória, e, certos movimentos; e, já que esses movimentos são os mesmos que acompanham a sensação atual desse mesmo objeto, para eles um liame se acha estabelecido entre minha percepção presente e minha percepção passada. Suscitadas pela primeira, suscitam por sua vez a segunda, revelam-na; afinal, é um fato conhecido que, ao imprimir no corpo uma atitude determinada, provocamos nele as idéias ou emoções correspondentes.

Todavia, esse primeiro fator não poderia ser o mais importante. Por mais real que seja a relação entre as idéias e os movimentos, não há nisso nada de muito preciso. Um mesmo sistema de movimentos pode servir para realizar idéias muito diferentes, sem se modificar na mesma proporção; também as impressões que ele revela são sempre gerais. Ao dar aos membros a posição conveniente, podemos sugerir a um sujeito a idéia da oração, não de determinada oração. Além disso, se é verdade que todo estado de consciência é coberto de movimentos, é preciso acrescentar que, quanto mais a representação se distancia da sensação pura, tanto mais o elemento motor perde importância e significação positiva. As funções intelectuais superiores supõem sobretudo inibições de movimentos, como o provam o papel capital que aí têm a atenção e a própria natureza da atenção, que consiste essencialmente numa suspensão, tão completa quanto possível, da atividade física. Todavia, uma simples negação da mobilidade não conseguiria servir para caracterizar a infinita diversidade dos fenômenos de ideação. O esforço que fazemos para impedir a ação não está mais ligado a esse conceito que a esse outro, se o segundo nos demandou o mesmo esforço de atenção que o primeiro. Mas o liame entre o presente e o futuro pode também se estabelecer com o auxílio de intermediários puramente intelectuais. Com efeito, toda representação, no momento em que se produz, afeta, além dos órgãos, o próprio espírito, ou seja, as representações presentes e passadas que o constituem, se ao menos admitirem conosco que as representações passadas subsistem em nós. O quadro que eu vejo neste momento age de uma maneira determinada sobre uma certa minha maneira de ver, uma certa aspiração minha, um certo desejo meu; a percepção que disso tenho se encontra, portanto, solidária desses diversos estados mentais. Se agora ela me for apresentada outra vez, agirá da mesma maneira sobre esses mesmos elementos que duram sempre, salvo as modificações que o tempo os puder ter feito sofrer. Ela os excitará, portanto, como da primeira vez e, por meio deles, essa excitação se comunicará à representação anterior com a qual eles estão a partir de agora relacionados, e que será assim revivificada. Afinal, a menos que recusemos aos estados psíquicos qualquer eficácia, não vemos por que eles não teriam também a propriedade de transmitir a vida, que neles está naqueles outros estados com os quais estão relacionados, assim como uma célula pode transmitir seu movimento às células vizinhas. Esses fenômenos de transferência são mesmo ainda mais fáceis de conceber no que diz respeito à vida representativa, na medida em que ela não é formada de átomos, separados uns dos outros; é um todo contínuo no qual todas as partes se interpenetram. De resto, submetemos ao leitor este esboço de explicação somente a título de indicação. Nosso escopo é sobretudo mostrar que não existe nenhuma impossibilidade de que a semelhança, por ela mesma, seja uma causa de associações. Afinal, uma vez que por vezes vemos defendida essa pretensa impossibilidade de reduzir a similaridade à contigüidade e a memória mental à memória física, seria o caso de mostrar que a dificuldade não tem nada de insolúvel.

III

Assim, não somente o único meio de escapar à psicologia epifenomenista é admitir que as representações são suscetíveis de persistir na qualidade de representações, mas também a existência de associações de idéias por semelhança demonstra diretamente essa persistência.

Mas há quem objete que essas dificuldades são evitadas somente ao preço de uma outra, que não é menor. Com efeito, dizem, as representações só podem se conservar como tais fora da consciência; afinal, não temos nenhum sentimento de todas as idéias, sensações, etc., que podemos ter experimentado em nossa vida passada e que são suscetíveis de serem por nós recordadas no futuro.

Ora, há quem afirme em princípio que a representação só pode se definir pela consciência; donde concluímos que uma representação inconsciente é inconcebível, que sua própria noção é contraditória.

Mas com que direito é assim limitada a vida psíquica? Sem dúvida, se se trata somente de uma definição de palavra, ela é legítima pela mesma razão pela qual é arbitrária; o problema é que não é possível concluir nada. Pelo fato de convir chamar psicológicos somente os estados conscientes, não se segue que não existam mais que fenômenos orgânicos ou físico-químicos onde não existe consciência. É uma questão de fato, que a observação pode sozinha resolver. Quer dizer então que, se retiramos a consciência da representação, o que resta não é representável à imaginação? Mas, nessas condições, existem milhares de fatos autênticos que poderiam ser igualmente negados. Nós não sabemos o que é um meio material imponderável, e não podemos fazer dele nenhuma idéia; entretanto, a hipótese é necessária para explicar a transmissão das ondas luminosas. Se fatos bem estabelecidos vierem a demonstrar que o pensamento pode ser transferido a distância, a dificuldade que podemos ter para representar um fenômeno tão desconcertante não será uma razão suficiente para que possamos contestar sua realidade, e precisaremos admitir ondas de pensamento cuja noção ultrapasse ou mesmo contradiga todos os nossos conhecimentos atuais. Antes que a existência de raios luminosos obscuros, que penetram corpos opacos, tivesse sido demonstrada, podíamos facilmente provar que tais raios eram inconciliáveis com a natureza da luz. Poderíamos facilmente multiplicar os exemplos. Assim, o fato de um fenômeno não ser claramente representável ao espírito não nos dá o direito de o negar, se ele se manifesta por efeitos definidos, que podem ser representados e lhe servem de sinais. Esse fenômeno é pensado, portanto, não por ele mesmo, mas graças a esses efeitos que o caracterizam. Inclusive não existe ciência que não seja obrigada a tomar esse desvio para alcançar as coisas de que trata. A ciência vai de fora para dentro, das manifestações exteriores e imediatamente sensíveis para os traços internos que essas manifestações revelam. Uma corrente nervosa, um raio luminoso são em primeiro lugar um não sei quê no qual reconhecemos a presença de tal ou qual de seus efeitos, e é justamente tarefa da ciência determinar progressivamente o conteúdo dessa noção inicial. Se, portanto, nos é dado constatar que certos fenômenos podem ser causados somente por representações, isto é, se eles constituem os signos exteriores da vida representativa, e se, por outro lado, as representações que assim se revelam são ignoradas pelo sujeito em que se produzem, diremos que podem existir estados psíquicos sem consciência, por maior que seja a dificuldade que a imaginação possa ter para figurá-los.

Ora, os fatos desse gênero são inumeráveis, pelo menos se entendermos por consciência a apreensão de um estado dado por um sujeito dado. Com efeito, dá-se em cada um de nós uma multidão de fenômenos que são psíquicos sem serem apreendidos. Dizemos que são psíquicos porque se traduzem exteriormente por indícios característicos da atividade mental, a saber, pelas hesitações, os tateamentos, a apropriação dos movimentos para um fim preconcebido. Se, quando um ato tem lugar em vista de um fim, não estamos seguros de que ele é inteligente, questionamos o que pode distinguir a inteligência daquilo que não é inteligência. Todavia, as experiências bem conhecidas do Sr. Pierre Janet provaram que muitos atos apresentam todos esses sinais sem que, todavia, sejam conscientes. Por exemplo, um sujeito que acaba de se recusar a obedecer a uma ordem conformar-se-á plenamente a esse caso se tivermos o cuidado de desviar sua atenção no momento em que as palavras imperativas são pronunciadas. É, evidentemente, um conjunto de representações que dita sua atitude; afinal, a ordem só pode produzir seu efeito se foi ouvida e compreendida. Entretanto, o paciente não duvida do que se passou; ele nem mesmo sabe que obedeceu; e se, no momento em que está em via de efetuar o gesto que lhe foi ordenado, fazem-no notá-lo, isso é para ele a mais surpreendente das descobertas[9]. Da mesma maneira, quando prescrevemos a um hipnotizado não ver tal pessoa ou tal objeto que está sob seus olhos, a defesa só pode agir se é representada ao espírito. Entretanto, a consciência não é de forma alguma advertida

[9] Ver *L'automatisme psychologique*, p. 237ss. (N. do A.)

disso. Há quem cite igualmente casos de numeração inconsciente, cálculos bastante complexos, feitos por um indivíduo que deles não tem a menor consciência[10]. Essas experiências, que foram variadas de todas as maneiras, foram feitas, é verdade, em estados anormais; mas o que elas fazem é apenas reproduzir sob uma forma aumentada o que se passa normalmente em nós. Nossos juízos são a cada instante mutilados, desnaturados por juízos inconscientes; vemos somente o que nossos preconceitos nos permitem ver, e ignoramos nossos preconceitos. Além disso, estamos sempre num certo estado de distração, já que a atenção, ao concentrar o espírito num pequeno número de objetos, desvia-o de um número bem maior de outros; mas toda distração tem por efeito manter fora da consciência estados psíquicos que não deixam de ser reais, uma vez que agem. Quantas vezes, inclusive, não existe um verdadeiro contraste entre o estado verdadeiramente experimentado e a maneira pela qual ele aparece à consciência! Acreditamos odiar alguém quando o amamos, e a realidade desse amor se manifesta por atos cuja significação não é duvidosa para terceiros, no momento mesmo em que nos acreditamos sob a influência do sentimento oposto[11].

Por outro lado, se tudo o que é psíquico fosse consciente e

---

[10] Ibid., p. 225. (N. do A.)

[11] Segundo James, não haveria aí nenhuma prova de uma inconsciência real. Quando tomo por ódio ou indiferença o amor que me anima, eu nada mais estaria fazendo que denominar mal um estado de que sou plenamente consciente. Nós reconhecemos não compreender. Se denomino mal o estado, é porque a consciência que tenho dele é nela mesma equivocada; é porque essa consciência não exprime todas as características desse estado. Entretanto, essas características que não são conscientes atuam. Elas são, portanto, inconscientes de alguma maneira. Meu sentimento tem os traços constitutivos do amor, já que determina minha conduta nesse sentido; todavia, eu não os percebo, de modo que minha paixão me incline para um sentido e a consciência que tenho de minha paixão, para outro. Os dois fenômenos não se recobrem. Entretanto, parece bem difícil ver numa inclinação como o amor algo diferente de um fenômeno psíquico (ver James, I, p. 174). (N. do A.)

tudo o que é inconsciente fosse psicológico, a psicologia teria de retornar ao velho método introspectivo. Afinal, se a realidade dos estados mentais se confunde com a consciência que dela temos, a consciência é suficiente para que conheçamos essa realidade inteiramente, já que esta e aquela formam uma unidade e não há necessidade de recorrer aos procedimentos complicados e indiretos em uso hoje em dia. De fato, já não vemos as leis dos fenômenos como superiores aos fenômenos, determinando-os de fora; elas lhes são imanentes, são apenas suas maneiras de ser. Com os fatos psíquicos se dá então o mesmo: se são conhecidos por nós, e somente da maneira como são conhecidos por nós (que é a mesma coisa), suas leis são dadas pela mesma ação. Para conhecê-las, bastaria apenas olhar. Quanto aos fatores da vida mental, que, sendo conscientes, não podem ser conhecidos por essa via, não é à jurisdição da psicologia que eles pertencem, mas à da fisiologia. Não precisamos expor as razões pelas quais essa psicologia fácil já não se sustenta; é certo que o mundo interior ainda está, em grande parte, inexplorado, que descobertas aí são feitas todos os dias, que muitas outras hão de ser feitas e que, em conseqüência, não basta um pouco de atenção para tomar consciência delas. Em vão nos respondem que essas representações, que passam por inconscientes, são tão-somente percebidas de uma maneira incompleta e confusa. Afinal, essa confusão só pode depender de uma causa: que nós não percebemos tudo o que essas representações contêm; é que aí se acham elementos, *reais e atuantes*, que, por conseqüência, não são fatos puramente físicos, e mesmo assim não são conhecidos pela consciência. A consciência obscura de que alguns falam é somente uma inconsciência parcial; e isso nos leva a reconhecer que os limites da consciência não são os da atividade psíquica.

Para evitar a palavra inconsciência, e as dificuldades que o espírito experimenta ao conceber a coisa que ela exprime, pode ser que alguns prefiram associar esses fenômenos inconscientes a centros de consciência secundários, disseminados no organismo e ignorados do centro principal, embora normalmente subordinados a ele; ou mesmo que admitam a existência de uma consciência sem *eu*, sem apreensão do estado psíquico por um sujeito dado. Nós não temos, no momento, de discutir essas hipóteses, de certa forma muito plausíveis[12], mas que deixam intacta a proposição que queremos estabelecer. Tudo o que pretendemos dizer, com efeito, é que fenômenos se passam em nós, que são de ordem psíquica e, entretanto, não são conhecidos do eu que somos. Quanto a saber se eles são percebidos por *eus* desconhecidos ou o que podem ser fora de toda apreensão, isso não nos importa. Admitamos somente que a vida representativa se estende para além de nossa consciência atual, e então a concepção de uma memória psicológica se torna inteligível. Tudo o que nos propomos mostrar aqui é que essa memória existe, sem que tenhamos de escolher entre todas as maneiras possíveis de concebê-la.

IV

Aproximamo-nos da conclusão.

Se as representações, uma vez que existam, continuam presentes por elas mesmas, sem que sua existência dependa perpetuamente do estado dos centros nervosos; se podem agir diretamente umas sobre as outras e se combinar de acordo com leis que lhes são próprias, eis que, portanto, elas são realidades que, mantendo com seu substrato relações estreitas, são todavia independentes dele em certa medida. Certamente

---

[12] No fundo, a noção de uma representação inconsciente e a de uma consciente sem um *eu* que a apreende são equivalentes. Afinal, quando dizemos que um fato psíquico é inconsciente, entendemos somente que ele não é apreendido. Toda a questão está em saber qual expressão é melhor para ser empregada. Do ponto de vista da imaginação, uma e outra têm o mesmo inconveniente. Não nos é mais fácil imaginar uma representação sem sujeito que se representa que uma representação sem consciência. (N. do A.)

sua autonomia só pode ser relativa, já que não há reino na natureza que não dependa dos outros reinos; nada, portanto, seria mais absurdo que conceber a vida psíquica como uma espécie de absoluto que não viria de nenhuma parte e que não se associaria ao resto do universo. É bem evidente que o estado do cérebro afeta todos os fenômenos intelectuais e é fator imediato de alguns deles (sensações puras). No entanto, resulta do que dissemos antes que a vida representativa não é inerente à natureza intrínseca da matéria nervosa, já que subsiste em parte por suas próprias forças e tem suas maneiras de ser, que lhe são peculiares. A representação não é um simples traço do estado em que se encontra o elemento nervoso no momento em que ela se dá, já que permanece, enquanto esse estado não mais, e já que as relações das representações são de uma natureza diferente da dos elementos nervosos subjacentes. A representação é algo novo, que alguns traços da célula contribuem certamente para produzir, não sendo suficientes, porém, para constituí-la, já que ela a eles sobrevive e manifesta propriedades diferentes. Mas dizer que o estado psíquico não deriva diretamente da célula é dizer que ele não está nela incluído, que ele se forma, em parte, fora dela e que, na mesma medida, lhe é exterior. Se o estado psíquico existisse graças à célula, existiria nela, já que sua realidade não lhe viria de outra parte.

Ora, quando dissemos em outro lugar que os fatos sociais são, em certo sentido, independentes dos indivíduos e exteriores às consciências individuais, apenas afirmamos, a respeito do reino social, o que acabamos de estabelecer a respeito do reino psíquico. A sociedade tem por substrato o conjunto dos indivíduos associados. O sistema que eles formam quando se unem, e que varia de acordo com sua disposição sobre a superfície do território, a natureza e o número de vias de comunicação, constitui a base sobre a qual se erige a vida social. As representações que constituem sua trama emanam das relações que se estabelecem entre os indivíduos assim combinados ou entre os grupos secundários que se intercalam entre o indivíduo e a sociedade total. Todavia, se não vemos nada de extraordinário no fato de as representações individuais, produzidas pelas ações e reações trocadas entre os elementos nervosos, não serem inerentes a esses elementos, que haveria de surpreendente no fato de as representações coletivas, produzidas pelas ações e reações trocadas entre as consciências elementares de que é feita a sociedade, não derivarem diretamente dessas últimas e, em conseqüência, as ultrapassarem? A relação que, na concepção, une o substrato social à vida social é em todos os pontos análoga à que devemos admitir entre o substrato fisiológico e a vida psíquica dos indivíduos, se não quisermos negar toda e qualquer psicologia propriamente dita. As mesmas conseqüências devem, portanto, se produzir de uma parte e de outra. A independência, a exterioridade relativa dos fatos sociais em relação aos indivíduos é mesmo mais imediatamente aparente que a dos fatos mentais em relação às células cerebrais; afinal, os primeiros ou, ao menos, os mais importantes deles, carregam, de uma maneira visível, a marca de sua origem. Com efeito, se talvez possamos contestar que todos os fenômenos sociais, sem exceção, se impõem de fora ao indivíduo, a dúvida não parece possível para o que concerne às crenças e às práticas religiosas, às regras da moral, aos inumeráveis preceitos do direito, isto é, às manifestações mais características da vida coletiva. Todos são expressamente obrigatórios; e a obrigação é a prova de que essas maneiras de agir e de pensar não são obra do indivíduo, mas emanam de uma potência moral que o ultrapassa, que imaginamos misticamente sob a forma de um bem ou da qual temos uma concepção mais temporal e mais científica[13]. A mesma lei se encontra, portanto, nos dois reinos.

---

[13] E, se o caráter de obrigação e de coerção é essencial a tais fatos, tão eminentemente sociais, como é verossímil, independentemente de qualquer exame, que esse caráter se encontre igualmente, ainda que menos visível, nos outros fenômenos sociológicos! Afinal, não é possível que fenômenos de mesma natureza difiram nesse ponto, que uns penetrem o indivíduo do

Essa lei se explica, por outro lado, da mesma maneira nos dois casos. Se podemos dizer, em certo sentido, que as representações coletivas são exteriores às consciências individuais, é porque elas não derivam dos indivíduos tomados isoladamente, mas de seu concurso, o que é bem diferente. Sem dúvida, na elaboração do resultado comum, cada um tem a sua contribuição; mas os sentimentos privados se tornam sociais somente ao se combinar sob a ação das forças *sui generis* que a associação desenvolve; em conseqüência dessas combinações e das alterações mútuas que daí resultam, eles *se tornam outra coisa*. Uma síntese química se produz, que concentra, unifica os elementos sintetizados e, por isso mesmo, os transforma. Já que essa síntese é obra do todo, é o todo que ela tem como teatro. A resultante que aí se revela transcende, portanto, cada espírito individual, como o todo transcende a parte. Ela está no conjunto, da mesma maneira que existe para o conjunto. Eis em que sentido é exterior aos elementos particulares. Sem dúvida, cada um contém alguma coisa dela; mas ela não existe inteira em nenhum. Para saber o que essa resultante é verdadeiramente, é o agregado em sua totalidade que precisamos levar em consideração[14]. É ele que pensa, que sente, que vê, ainda que só possa querer, sentir ou agir por intermediação de consciências particulares. Eis, também, como o fenômeno social não depende da natureza pessoal dos indivíduos. É que, na fusão da qual ele resulta, todos os traços individuais, sendo divergentes por definição, se neutralizam e se aniquilam mutuamente. Somente as propriedades mais gerais da natureza

---

exterior e outros resultem de um processo oposto.

Sobre esse assunto, retifiquemos uma interpretação inexata que foi feita do nosso pensamento. Quando dissemos, a respeito da obrigação ou da coerção, que era a característica dos fatos sociais, nós de maneira alguma pensamos em dar dessa forma uma explicação sumária dessas últimas; quisemos somente indicar um sinal cômodo pelo qual o sociólogo pode reconhecer os fatos que dependem da sua ciência. (N. do A.)

[14] Cf. nosso livro sobre *Le suicide*, pp. 345-363. (N. do A.)

humana subsistem; e, precisamente por causa de sua extrema generalidade, essas propriedades não poderiam justificar as formas tão especiais e tão complexas que caracterizam os fatos coletivos. Não é que não existam de forma alguma no resultado; mas são somente suas condições mediatas e distantes. O resultado não se produziria se essas propriedades o excluíssem; mas não são elas que o determinam.

Ora, a exterioridade dos fatos psíquicos em relação às células cerebrais não tem outras causas e não é de outra natureza. Nada, com efeito, nos autoriza a supor que uma representação, por mais elementar que seja, possa ser diretamente produzida por uma vibração celular, de uma intensidade e de uma tonalidade determinadas. Mas não existe sensação à qual não concorra um certo número de células. A maneira pela qual se fazem as localizações cerebrais não permite outra hipótese; afinal, as imagens não sustentam jamais relações definidas, senão com zonas mais ou menos extensas. Pode ser até que o cérebro inteiro participe da elaboração da qual elas resultam; é o que parece demonstrar o fato das subsunções. Enfim, essa é também, parece, a única maneira de compreender como a sensação depende do cérebro ao constituir um fenômeno novo. Ela depende porque é composta de modificações moleculares (do contrário, do que seria feita, ou de onde viria?); mas a sensação é ao mesmo tempo outra coisa, pois resulta de uma síntese nova e *sui generis* na qual essas modificações entram como elementos, mas na qual são transformadas pelo próprio fato de sua fusão. Sem dúvida, ignoramos como movimentos podem, ao se combinar, dar origem a uma representação. Mas não sabemos mais que isso a respeito da maneira como um movimento de transferência pode, quando interrompido, transformar-se em calor ou vice-versa. Mesmo assim, não pomos em dúvida a realidade dessa transformação; o que é que, então, a primeira tem de impossível? Mais em geral, se a objeção fosse válida, precisaríamos negar toda e qualquer mudança; afinal, entre um efeito e suas causas, uma resultante e seus elementos, existe sempre uma distância. É assunto da metafísica encontrar uma concepção que torne essa heterogeneidade representável; para nós, basta saber que sua existência não pode ser contestada.

Mas, então, se cada idéia (ou ao menos cada sensação) é devida à síntese de um certo número de estados celulares, combinados a partir de leis e forças ainda desconhecidas, é evidente que uma idéia não pode ser prisioneira de uma célula determinada. Ela escapa a qualquer uma, porque nenhuma é suficiente para suscitá-la. A vida representativa não pode ser dividida de uma maneira definida entre os diversos elementos nervosos, já que não há representação à qual não colaborem vários desses elementos; *ela só pode existir no todo formado por sua reunião, como a vida coletiva só existe no todo formado pela reunião dos indivíduos*. Nem uma nem outra são compostas de partes determinadas que possam ser atribuídas a partes determinadas de seus substratos respectivos. Cada estado psíquico, assim, se encontra, em face da constituição própria das células nervosas, nas mesmas condições de independência relativa em que estão os fenômenos sociais em face das naturezas individuais. Como o estado psíquico não se reduz a uma modificação molecular simples, não está à mercê das modificações desse gênero que podem se produzir isoladamente sobre os diferentes pontos do encéfalo; a questão, apenas, é que as forças físicas que afetam o grupo inteiro de células podem também afetá-lo. Mas o estado psíquico não tem necessidade, para poder durar, de ser perpetuamente sustentado e como que recriado sem interrupção por um aporte contínuo de energia nervosa. Para reconhecermos ao espírito essa autonomia limitada, que é, no fundo, tudo o que contém de positivo e de essencial nossa noção de *espiritualidade*, não precisamos, portanto, imaginar uma alma, separada de seu corpo, e levando não sei em que meio ideal uma existência de sonho e solitária. A alma está no mundo; ela mistura sua vida com a das coisas; e podemos dizer, se quisermos, que todos os nossos pensamentos estão no cérebro. É preciso somente acrescentar que, no interior do cérebro, eles não podem ser localizados a rigor, não estão aí situados em pontos definidos, a despeito de estarem relacionados mais com uma região que com outras. Essa difusão é suficiente apenas para provar que os pensamentos são alguma coisa específica; afinal, para que estejam assim espalhados, é preciso certamente que seu modo de composição não seja o da massa cerebral e que, por conseguinte, tenham uma maneira de ser que lhes seja especial.

Aqueles, portanto, que nos acusam de jogar para o alto a vida social, porque nos recusamos a reabsorvê-la na consciência individual, não perceberam, sem dúvida, todas as conseqüências de sua objeção. Se esta tivesse fundamento, se aplicaria também às relações entre o espírito e o cérebro; por conseguinte, precisaríamos, para sermos lógicos, reabsorver também o pensamento na célula e retirar da vida mental toda e qualquer especificidade. Mas eis que caímos nas inextrincáveis dificuldades que já tínhamos indicado. Não só isso; partindo do mesmo princípio, deveríamos dizer igualmente que as propriedades da vida residem nas partículas de oxigênio, de hidrogênio, de carbono e de azoto[15] que compõem o protoplasma vivo; afinal, ele não contém nada além dessas partículas minerais, da mesma maneira que a sociedade não contém nada além dos indivíduos[16]. Todavia, pode ser que aqui a impossibilidade da concepção que combatemos apareça com mais evidência ainda que nos casos precedentes. Em primeiro lugar, como os movimentos vitais poderiam ter como sede elementos que não estão vivos? Depois, como as propriedades características da vida se repartiriam entre esses elementos? Elas não teriam como se encontrar igualmente em todos, já que são de diferentes espécies; o oxigênio não pode exercer o mesmo papel que o carbono, nem revestir as mesmas propriedades. Não é menos inadmissível que cada aspecto da vida se encarne num grupo diferente de átomos. A vida não se divide assim; ela é uma só

---

[15] Nitrogênio. (N. do T.)

[16] Pelo menos, os indivíduos são seus únicos elementos ativos. Para falar de modo mais exato, a sociedade também compreende coisas. (N. do A.)

e, por conseguinte, pode ter como sede somente a consciência viva em sua totalidade. Ela está no todo, não nas partes. Se, portanto, para bem fundá-la, não é necessário dispersá-la entre as forças elementares de que é resultante, por que seria de outra forma no caso do pensamento individual em relação às células cerebrais, e dos fatos sociais em relação aos indivíduos?

Em definitivo, a sociologia individualista tão-somente aplica à vida social o princípio da velha metafísica materialista: ela pretende, com efeito, explicar o complexo pelo simples, o superior pelo inferior, o todo pela parte, o que é uma contradição em termos. Certamente, o princípio contrário não nos parece menos insustentável; não haveria maior possibilidade, com a metafísica idealista e teológica, de derivar a parte do todo, uma vez que o todo não é nada sem as partes que o compõem e não pode extrair do nada aquilo de que tem necessidade para existir. Falta, portanto, explicar os fenômenos que se produzem no todo pelas propriedades características do todo, o complexo pelo complexo, os fatos sociais pela sociedade, os fatos vitais e mentais pelas combinações *sui generis* das quais resultam. É o único caminho que a ciência pode seguir. Não é o caso de dizer que, entre os diferentes estados do real, existam soluções de continuidade. O todo se forma somente pelo agrupamento das partes, e o agrupamento não é feito num instante, por um brusco milagre; existe uma série infinita de intermediários entre o estado de isolamento puro e o estado de associação caracterizada. Mas, à medida que a associação se constitui, ela dá origem a fenômenos que não derivam diretamente da natureza dos elementos associados; e, quanto mais essa independência parcial é marcada, mais numerosos e mais poderosamente sintetizados são seus elementos. É daí, sem dúvida, que vêm a elasticidade, a flexibilidade, a contingência que as formas superiores do real manifestam em relação às formas inferiores, no interior das quais, todavia, mergulham suas raízes. Com efeito, quando uma maneira de ser ou de fazer depende de um todo, sem depender imediatamente das partes que o compõem, goza, graças a essa difusão, de uma ubiqüidade que a libera até certo ponto. Como essa maneira de ser ou fazer não é alçada a um ponto determinado do espaço, não está sujeita a condições de existência muito estreitamente limitadas. Se alguma causa a inclina a variar, as variações encontrarão menos resistência e se produzirão mais facilmente, por terem, de uma certa maneira, mais terreno para se mover. Se algumas partes a isso se recusam, outras poderão oferecer o ponto de apoio necessário ao novo arranjo, sem estarem obrigadas, por isso, a se rearranjar elas mesmas. Eis, ao menos, como se pode conceber que um mesmo órgão possa se submeter a funções diferentes, que as diferentes regiões do cérebro possam substituir umas às outras, que uma mesma instituição social possa sucessivamente cumprir os fins mais variados.

Da mesma forma, por residir no substrato coletivo pelo qual se associa ao resto do mundo, a vida coletiva, todavia, não reside aí de maneira a fundir-se com tal substrato. Ela lhe é, ao mesmo tempo, dependente e distinta, como a função o é do órgão. Sem dúvida, como dele provém — afinal, ao contrário, de onde viria? —, as formas que ela reveste no momento em que se livra dele e que são, por conseguinte, fundamentais, levam a marca de sua origem. Eis por que a matéria primeira de toda consciência social está em estreita relação com o conjunto dos elementos sociais, a maneira pela qual eles estão agrupados e distribuídos, etc., isto é, com a natureza do substrato. Mas, uma vez que um primeiro fundo de representações está assim constituído, essas representações se tornam, pelas razões que já dissemos, realidades parcialmente autônomas que vivem uma vida própria. Elas têm o poder de se evocar, de se distanciar, de formar entre si sínteses de todas as espécies, que são determinadas por suas afinidades naturais e não pelo estado do meio no interior do qual evoluem. Por conseguinte, as representações novas, que são o produto dessas sínteses, são da mesma natureza: elas têm como causas próximas outras representações coletivas, não esta ou aquela característica da estrutura social. É na evolução religiosa que se acham, talvez, os mais contundentes exemplos desse fenômeno. Sem dúvida, é impossível compreender como o panteão grego ou romano é formado sem conhecer a constituição da cidade, a maneira pela qual os clãs primitivos se misturam pouco a pouco uns com os outros, a maneira pela qual a família patriarcal se organiza, etc. Mas, por outro lado, essa vegetação luxuriante de mitos e de lendas, todos esses sistemas teogônicos, cosmológicos, etc., que o pensamento religioso constrói, não se liga diretamente a particularidades determinadas de morfologia social. E eis o que faz que por vezes desconheçamos a característica social da religião: cremos que ela se formou, em grande parte, sob a influência de causas extra-sociológicas, porque não vemos liame imediato entre a maior parte das crenças religiosas e a organização das sociedades. Mas, nessas condições, seria preciso igualmente pôr fora da psicologia tudo o que é passado pela pura sensação. Afinal, se as sensações, esse fundo primeiro da consciência individual, só podem se explicar pelo estado do cérebro e dos órgãos — do contrário, de onde viriam elas? —, uma vez que existem, compõem-se entre si a partir de leis que nem a morfologia nem a fisiologia cerebral conseguem explicar. Daí vêm as imagens, e as imagens, agrupando-se por sua vez, tornam-se conceitos, e, à medida que estados novos se acrescentam assim aos antigos, como são separados por intermediários mais numerosos dessa base orgânica sobre a qual, todavia, repousa toda a vida mental, os conceitos são também menos imediatamente independentes de tal base orgânica. Entretanto, não deixam de ser psíquicos; é mesmo neles que se podem observar melhor os atributos característicos da mentalidade[17].

---

[17] Vemos aqui o inconveniente que existe em definir os fatos sociais como os fenômenos que se produzem na sociedade, mas pela sociedade. A expressão não é exata; afinal, existem fatos sociológicos, e não são os menores, que são produtos, não da sociedade, mas de produtos sociais já formados. É como se definíssemos os fatos psíquicos como os que são produzidos

Pode ser que esses paralelos sirvam para ajudar a compreender melhor por que nos esforçamos com tanta insistência em distinguir a sociologia da psicologia individual.

Trata-se simplesmente de introduzir e de aclimatar na sociologia uma concepção paralela àquela que tende a prevalecer mais e mais na psicologia. Depois de uma década, com efeito, uma grande novidade se produziu nessa última ciência: interessantes esforços foram feitos para chegar a constituir uma psicologia que fosse propriamente psicológica, sem outro epíteto. O antigo introspeccionismo se contentava em descrever os fenômenos mentais sem explicá-los; a psicofisiologia os explicava, mas deixava de lado, como negligenciáveis, seus traços distintivos; uma terceira escola está em via de se formar, que procura explicá-los levando em conta sua especificidade. Para os primeiros, a vida psíquica tem uma natureza própria, mas que, pondo-a completamente à parte do mundo, a subtrai aos procedimentos ordinários da ciência; para os últimos, ao contrário, ela não é nada por si mesma, e o papel do estudioso é afastar essa camada superficial para atingir em seguida as realidades que ela recobre; mas dos dois lados ouvimos falar somente de um tênue cortinado de fenômenos,

---

pela ação de todas as células cerebrais ou por um certo número delas. Em todo caso, uma tal definição não pode servir para determinar e para circunscrever o objeto da sociologia. Afinal, essas relações de derivação não podem ser estabelecidas senão ao mesmo tempo e na medida em que a ciência avança; quando iniciamos a investigação, não sabemos quais são os fenômenos que nos propomos a estudar, nem mesmo os conhecemos, senão em parte. É preciso, portanto, delimitar bem a partir de um outro critério o campo de investigação, se não quisermos deixá-lo indeterminado, isto é, se quisermos saber do que estamos tratando.

Quanto ao processo em virtude do qual se formam esses produtos sociais do segundo escalão, se ele tem analogia com o que se observa na consciência individual, não deixa de ter uma fisionomia que lhe é própria. As combinações das quais resultam os mitos, as teogonias, as cosmogonias populares não são idênticas às associações de idéias que se formam nos indivíduos, ainda que umas e outras possam se esclarecer mutuamente. Existe toda uma parte da sociologia que deveria investigar as leis da ideação coletiva, e que ainda está totalmente por se fazer. (N. do A.)

transparente ao olhar da consciência segundo uns, desprovido de toda consistência segundo outros. Todavia, recentes experiências nos mostraram que seria preciso antes conceber a vida psíquica como um vasto sistema de realidades *sui generis*, feito de um grande número de camadas mentais superpostas umas às outras, profunda demais e complexa demais para que a simples reflexão baste para penetrar seus mistérios, especial demais para que considerações puramente fisiológicas possam explicá-las. É assim que essa espiritualidade pela qual se caracterizam os fatos intelectuais, e que parecia há pouco colocá-los seja acima, seja abaixo da ciência, torna-se ela mesma o objeto de uma ciência positiva, e, entre a ideologia dos introspeccionistas e o naturalismo biológico, funda-se um naturalismo psicológico cuja legitimidade o presente artigo talvez ajude a elucidar.

Uma transformação semelhante deve ser realizada na sociologia, e é justamente para tal propósito que se voltam todos os nossos esforços. Se não há pensadores o bastante que ousem pôr abertamente os fatos sociais fora da natureza, muitos ainda acreditam que basta, para fundamentá-los, darlhes como eixo a consciência do indivíduo; alguns chegam até mesmo a reduzi-los às propriedades gerais da matéria organizada. Para uns e para outros, por conseguinte, a sociedade não é nada por si mesma; é somente um epifenômeno da vida individual (orgânica ou mental, não importa), da mesma forma que a representação individual, segundo Maudsley e seus discípulos, é somente um epifenômeno da vida física. A primeira não teria outra representação além daquela que lhe comunica o indivíduo, como a segunda não teria outra existência senão aquela que lhe dá a célula nervosa, e a sociologia seria apenas uma psicologia[18] aplicada. Mas o próprio exemplo

[18] Quando dizemos simplesmente psicologia, entendemos psicologia individual, e seria conveniente, para a clareza das discussões, restringir dessa forma o sentido do termo. A psicologia coletiva é a psicologia na

da psicologia demonstra que essa concepção da ciência deve ser abandonada. Para além da ideologia dos psicossociólogos, como para além do naturalismo materialista da sócio-antropologia, existe lugar para um naturalismo sociológico que vê nos fenômenos sociais fatos específicos e que tenta justificá-los respeitando religiosamente sua especificidade. Nada mais estranho, portanto, do que a confusão a partir da qual às vezes é reprovada uma espécie de materialismo. Muito pelo contrário, do nosso ponto de vista, se chamarmos de espiritualidade a propriedade distintiva da vida representativa no indivíduo, teremos de dizer da vida social que ela se define por uma hiperespiritualidade; entendemos por isso que os atributos constitutivos da vida psíquica aí se encontram, mas elevados a uma potência muito mais alta e de maneira a constituir alguma coisa inteiramente nova. Malgrado seu traço metafísico, o termo não designa portanto nada mais que um conjunto de fatos naturais, que devem ser explicados por causas naturais. Mas ele nos adverte que o mundo novo que está assim aberto à ciência ultrapassa todos os outros em complexidade; que tal mundo não é simplesmente uma forma ampliada dos reinos inferiores, mas que aí intervêm forças que são ainda desconhecidas e cujas leis não podem ser descobertas unicamente pelos procedimentos da análise interior.

---

sua inteireza; por que não nos servirmos unicamente dessa última expressão? Inversamente, o termo psicologia sempre designou a ciência da mentalidade no indivíduo; por que não lhe conservar essa significação? Evitaríamos dessa forma muitos equívocos. (N. do A.)

CAPÍTULO 2

Determinação do fato moral*

Teses

A realidade moral, como toda espécie de realidade, pode ser estudada a partir de dois diferentes pontos de vista. Podemos buscar conhecê-la e compreendê-la; ou, antes, podemos nos propor a julgá-la. O primeiro desses problemas, que é inteiramente teórico, deve necessariamente preceder o segundo. É o único que será tratado aqui. Faremos somente ver, ao final, como o método seguido e as soluções adotadas deixam intacto o direito de abordar, em seguida, o problema prático.

Por outro lado, para poder estudar teoricamente a realidade moral, é indispensável determinar preliminarmente em que consiste o fato moral; afinal, para poder observá-lo, é preciso ainda saber o que o caracteriza, por que sinal ele pode ser reconhecido. É essa questão que será tratada em primeiro lugar. Investigaremos, em seguida, se é possível encontrar uma explicação satisfatória para essas características.

---

* Extraído do *Bulletin de la Société Française de Philosophie*. Émile Durkheim fizera chegar, aos membros da Sociedade, as *teses* que reproduzimos aqui. Consideramo-las resultado de uma parte da discussão que teve lugar na sessão de 11 de fevereiro de 1906. (Nota dos Editores de 1924)

I

Quais são as características distintivas do fato moral?

Toda moral apresenta-se a nós como um sistema de regras de conduta. Mas todas as técnicas são igualmente regidas por máximas que prescrevem ao agente como ele deve se conduzir em circunstâncias determinadas. O que, portanto, diferencia as regras morais das outras?

1º Mostraremos que as regras morais são investidas de uma autoridade especial em virtude da qual são obedecidas porque ordenam. Recuperaremos, assim, mas por uma análise puramente empírica, a noção do dever, da qual será dada uma definição bem próxima da que foi dada por Kant. A obrigação constitui, portanto, uma das primeiras características da regra moral.

2º Mas, contrariamente ao que disse Kant, a noção do dever não extingue a noção da moral. É impossível que consumemos um ato unicamente porque ele nos é ordenado, sem levarmos em consideração seu conteúdo. Para que possamos nos tornar seu agente, é preciso que ele interesse em alguma medida a nossa sensibilidade, que ele nos pareça sob algum aspecto *desejável*. A obrigação ou o dever exprime somente, portanto, um dos traços, e um traço abstrato, da moral. Uma certa *desejabilidade* é uma outra característica sua, não menos essencial que a primeira.

Somente alguma coisa da natureza do dever se encontra nessa *desejabilidade* do traço moral. Se é verdade que o conteúdo do ato nos atrai, todavia está em sua natureza não poder ser consumado sem esforço, sem uma coerção sobre si. O impulso, mesmo entusiasmado, com o qual podemos agir moralmente nos lança para fora de nós mesmos, nos eleva acima de nossa natureza, o que não se dá sem sacrifício, sem contenção. É a esse desejável *sui generis* que damos usualmente o nome de bem.

O bem e o dever são as duas características sobre as quais cremos ser útil insistir de modo particular — sem que com isso queiramos negar que no ato moral possa haver outras. Ocuparnos-emos em mostrar que todo ato moral apresenta essas duas características, ainda que elas possam ser combinadas segundo proporções variáveis.

Para dar a perceber como a noção do fato moral pode apresentar esses dois traços, em parte contraditórios, comparemo-la à noção do *sagrado*, que apresenta a mesma dualidade. O ser sagrado é, num certo sentido, o ser proibido, que não ousamos violar; é também o ser bom, amado, procurado. A comparação entre essas duas noções se justifica: 1º Historicamente, por relações de parentesco e de filiação que existem entre elas; 2º Por exemplos emprestados de nossa moral contemporânea. A personalidade humana é coisa sagrada; não ousamos violá-la, mantemo-nos a distância do cinturão da pessoa, ao mesmo tempo em que o bem por excelência é a comunhão com o outro.

II

Determinadas essas características, gostaríamos de explicá-las, isto é, encontrar um meio de levar a compreender de onde vem a existência de preceitos aos quais devemos obedecer porque nos ordenam, e que exigem de nós atos desejáveis por essa particular razão que há pouco definimos. Na verdade, uma resposta metódica a essa questão supõe um estudo tão exaustivo quanto possível das regras particulares cujo conjunto constitui nossa moral. Mas, na falta desse método, inaplicável na circunstância, é possível chegar, por procedimentos mais sumários, a resultados que não são privados de valor.

Ao interrogar a consciência moral contemporânea (cujas respostas podem, por outro lado, ser confirmadas pelo que sabemos sobre as morais de todos os povos conhecidos), podemos estabelecer um consenso sobre os pontos seguintes: 1º Jamais, de fato, a qualificação de moral foi aplicada a um ato que tivesse por objeto o interesse somente do indivíduo, ou a perfeição do indivíduo entendida de uma maneira puramente egoísta; 2º Se o indivíduo que eu sou não constitui um fim que tenha *por si mesmo* um caráter moral, o mesmo vale necessariamente para os indivíduos que a mim são semelhantes, e que só diferem de mim ora em maior, ora em menor grau; 3º Disso podemos concluir que, se existe uma moral, ela só pode ter como objetivo o grupo formado por uma pluralidade de indivíduos associados, isto é, a sociedade, sob a condição, todavia, de que a sociedade possa ser considerada como uma personalidade qualitativamente diferente das personalidades individuais que a compõem. A moral começa, portanto, onde começa a ligação com um grupo, qualquer que seja este.

Isso posto, as características do fato moral são explicáveis: 1º Mostraremos como a sociedade é uma coisa boa, desejável para o indivíduo, que não pode existir fora dela, que não pode negá-la sem se negar; como, ao mesmo tempo, uma vez que a sociedade ultrapassa o indivíduo, este não pode querê-la e desejá-la sem cometer alguma violência com sua natureza de indivíduo; 2º Mostraremos em seguida como a sociedade, ao mesmo tempo em que é uma coisa boa, é uma autoridade moral que, ao se comunicar a certos preceitos de conduta que o indivíduo valoriza particularmente, confere a esses preceitos um caráter obrigatório.

Esforçar-nos-emos, por outro lado, por estabelecer como certos fins — a dedicação interindividual, a dedicação do estudioso à ciência —, que não são fins morais por si mesmos, participam, entretanto, desse caráter de uma maneira indireta e por derivação.

Enfim, uma análise dos sentimentos coletivos explicará o caráter sagrado que é atribuído às coisas morais; análise que, por outro lado, será apenas uma confirmação da precedente.

III

Há quem se oponha a essa concepção, afirmando que ela submete o espírito à opinião moral reinante. Não é nada disso. Afinal, a sociedade que a moral nos prescreve querer não é a sociedade tal como aparece a ela mesma, mas a sociedade tal como existe ou tende realmente a existir. Todavia, a consciência que a sociedade tem dela mesma mediante a opinião pública pode ser inadequada à realidade subjacente. Pode ser que a opinião pública seja plena de arcaísmos, atrasada a respeito do estado real da sociedade; pode ser que, sob a influência de circunstâncias passageiras, alguns princípios, mesmo essenciais, da moral existente sejam, por algum tempo, rejeitados no inconsciente e tratados, a partir daí, como se não existissem. A ciência da moral permite retificar esses erros, do que daremos exemplos.

Porém, afirmamos que jamais poderemos esperar outra moral além daquela que é reclamada pelo estado social da época. Esperar uma outra moral além da que está implicada na natureza da sociedade é negar a esta e, por conseguinte, negar a si mesmo.

Faltaria examinar se o homem deve se negar; a questão é legítima, mas não será examinada. Postularemos que temos razão em querer viver.

Discussão

Sr. Durkheim — Devo, antes de tudo, expor brevemente a dificuldade na qual me encontro. Ao aceitar tratar *ex abrupto*[1] uma questão tão geral como a que é anunciada na segunda parte do programa que distribuí aos senhores, devo cometer uma pequena violência contra meu método habitual e minha maneira costumeira de proceder. Certamente, no curso que ministro há quatro anos na Sorbonne sobre a ciência dos costumes, teórica e aplicada, não creio abordar esta questão; o problema é que, enquanto nos livros clássicos ela é abordada em primeiro lugar, eu só a encontro ao final da investigação: eu tento explicar as características do fato moral somente após

[1] Abruptamente. (N. do E.)

ter empenhadamente passado em revista os pormenores das regras morais (moral doméstica, moral profissional, moral cívica, moral contratual), após ter mostrado as causas que lhes deram origem e as funções que elas exercem — na medida em que os dados da ciência o permitem atualmente. Recolho assim, durante o percurso, diversas noções que extraímos diretamente do estudo dos fatos morais, e, tão logo venho a expressar o problema geral, sua solução já está preparada; ela se baseia em realidades concretas, e o espírito está habilitado a ver as coisas sob o ângulo que lhe convém. Ao expor aqui minhas idéias sem fazê-las preceder desse aparato de provas, sou obrigado também a produzi-las bastante desarmadas, e terei de substituir freqüentemente a demonstração científica, que é impossível, por uma argumentação puramente dialética.

Porém, acredito que, entre pessoas de boa-fé, a dialética não é nunca coisa vã, sobretudo nesse domínio moral, em que, apesar de todos os fatos que alguém possa recordar, as hipóteses guardam sempre um grandioso lugar. Além disso, o que me tem tentado é o lado pedagógico da questão; acredito que, desse ponto de vista, as idéias que vou expor podem encontrar um lugar no ensinamento da moral, ensinamento que, hoje, está longe de ter a vida e a ação que seriam desejáveis.

I

A realidade moral se apresenta a nós sob dois aspectos diferentes, que precisamos distinguir claramente: o aspecto *objetivo* e o aspecto *subjetivo*.

Para cada povo, num momento determinado de sua história, existe uma moral, e é em nome dessa moral reinante que os tribunais condenam e que a opinião pública julga. Para um dado grupo, existe uma certa moral bem definida. Postulo, então, apoiando-me nos fatos, que existe uma moral comum, geral a todos os homens que pertencem a uma coletividade.

Atualmente, além dessa moral, existe uma multidão de outras, uma multidão indefinida. Cada indivíduo, com efeito, cada consciência moral exprime a moral comum à sua maneira; cada indivíduo a compreende, a vê sob um ângulo diferente; pode ser que nenhuma consciência seja inteiramente adequada à moral de seu tempo, e poderíamos dizer que em certo sentido não existe uma consciência moral que não seja imoral por certos aspectos. Cada consciência, sob a influência do meio, da educação, da hereditariedade, vê as regras morais sob uma luz particular; determinado indivíduo sentirá vivamente as regras da moral cívica, e fragilmente as regras da moral doméstica, ou o inverso. Outro indivíduo terá o sentimento profundo do respeito aos contratos, à justiça, e só terá uma representação pálida e ineficaz dos deveres da caridade. Mesmo os aspectos mais essenciais da moral são percebidos diferentemente pelas diferentes consciências.

Não tratarei aqui dessas duas espécies de realidade moral, mas somente da primeira. Eu me ocuparei somente da realidade moral objetiva, aquela que serve de ponto de referência comum e impessoal para julgar as ações. A própria diversidade das consciências morais individuais demonstra que é impossível olhar para esse lado, quando queremos determinar o que é a moral. Investigar que condições determinam essas variações individuais da moral seria sem dúvida um objeto de estudos psicológicos interessante, mas que não teria como servir ao objetivo que aqui perseguimos.

Pela mesma razão por que não me interesso pela maneira pela qual este ou aquele indivíduo apresenta a moral a si mesmo, deixo de lado a opinião dos filósofos e dos moralistas. Não levo em consideração de forma alguma seus ensaios sistemáticos feitos para explicar ou construir a realidade moral, salvo na medida em que há boas razões para ver aí uma expressão, mais ou menos adequada, da moral de seu tempo. Um moralista é antes de tudo uma consciência mais ampla que as consciências medianas, na qual as grandes correntes morais vêm se encontrar, e que por isso acolhe uma porção mais considerável da realidade moral. Mas, quanto a considerar suas doutrinas como explicações, como expressões científicas da realidade moral passada ou presente, a isso eu me recuso.

Eis, portanto, o objeto da investigação determinada, eis definida a espécie de realidade moral que vamos estudar. Mas essa mesma realidade pode ser considerada de dois pontos de vista diferentes:

1º Podemos procurar conhecê-la e compreendê-la;

2º Podemos nos propor a julgá-la, apreciando num dado momento o valor de uma moral determinada.

Não vou tratar aqui desse segundo problema; é pelo primeiro que precisamos começar. Dado o desarranjo atual das idéias morais, é indispensável proceder com método, começar pelo começo, partir de fatos sobre os quais todos possam concordar, para ver onde as divergências se manifestam. Para poder julgar, apreciar o valor da moral comum para julgar o valor da vida ou o valor da natureza (afinal, os juízos de valor podem ser aplicados a qualquer realidade), é preciso começar por conhecer a realidade moral.

Ora, a primeira condição para poder estudar teoricamente a realidade moral é saber onde ela está. É preciso poder reconhecê-la, distingui-la das outras realidades; logo, é preciso defini-la. Não é que a questão possa ser dar uma definição filosófica da moral, tal como a podemos dar uma vez que esteja avançada a investigação. Tudo o que é possível e útil fazer é dar uma definição inicial, provisória, que nos permita chegar a um consenso a respeito da realidade de que nos ocupamos, definição indispensável, sob pena de não sabermos do que estamos falando.

A primeira questão que se apresenta, como no início de toda investigação científica e racional, é, portanto, a seguinte: por quais características podemos reconhecer e distinguir os fatos morais?

A moral se nos apresenta como um conjunto de máximas, de regras de conduta. Mas existem outras regras, além das regras morais, que nos prescrevem maneiras de agir. Todas as técnicas utilitárias são governadas por sistemas de regras análogas. É preciso investigar a característica diferencial das regras morais.

Consideremos, portanto, o conjunto das regras que regulam a conduta sob todas as formas, e nos questionemos se não existem aí formas que apresentam características especiais. Se constatarmos que as regras que apresentam tais características correspondem à concepção que todo o mundo tem de maneira geral[2] das regras morais, poderemos aplicar a elas a rubrica usual e dizer que estão aí as características da realidade moral.

Para chegar a um resultado qualquer nessa investigação, há apenas uma maneira de proceder; é preciso que descubramos as diferenças intrínsecas que separam as regras morais das outras, seguindo as diferenças que se revelam em suas manifestações exteriores; afinal, no início da investigação, apenas o exterior nos é acessível. É preciso que encontremos um reagente que obrigue de alguma maneira as regras morais a traduzirem exteriormente seu caráter específico. O reagente que vamos empregar é o seguinte: investigaremos o que ocorre quando essas diversas regras são violadas, e veremos se não se produz nada que diferencie, sob esse ponto de vista, as regras morais das regras das técnicas.

Quando uma regra é violada, geralmente são produzidas, para o agente, conseqüências que lhe são penosas. Porém, entre essas conseqüências penosas, podemos distinguir dois tipos:

1º Algumas resultam mecanicamente do ato de violação. Se violo a regra de higiene que me ordena me preservar de contatos suspeitos, o resultado desse ato se produz automaticamente, a saber: a doença. O ato consumado origina a partir dele mesmo a conseqüência que dele resulta e, ao analisar o

---

[2] A noção científica assim construída não procura de forma alguma reproduzir exatamente a noção vulgar, que pode estar equivocada. O vulgo pode recusar qualificar como morais regras que apresentam todas as características dos preceitos morais. Tudo o que é preciso é que a distância não seja tão considerável a ponto de haver inconvenientes em preservar a expressão usual. É assim que o zoólogo fala de peixes, embora seu conceito de peixes não seja idêntico ao do vulgo. (N. do A.)

ato, podemos por antecipação saber a conseqüência que aí está analiticamente implicada.

2º Mas, quando violo a regra que me ordena não matar, e analiso bem o meu ato, não encontro nele a censura ou o castigo; existe entre o ato e sua conseqüência uma heterogeneidade completa; é impossível abstrair *analiticamente* da noção de morte ou de homicídio a menor noção de censura, de empanamento. O vínculo que reúne o ato e sua conseqüência é, aqui, um vínculo *sintético*.

Chamo de *sanção* as conseqüências associadas ao ato por um vínculo sintético. Não sei ainda de onde ele vem esse vínculo, qual é sua origem ou sua razão de ser; apenas constato sua existência e sua natureza, sem ir, no presente momento, mais longe.

Mas podemos aprofundar essa noção. Já que as sanções não resultam analiticamente do ato ao qual estão associadas, eis, portanto, que, provavelmente, não sou punido, censurado, *porque* consumei tal ou qual ato. Não é a natureza intrínseca de meu ato que acarreta a sanção. Esta não vem de o ato ser este ou aquele, mas vem de o ato não estar em conformidade com a regra que o regula. Com efeito, um mesmo ato, feito dos mesmos movimentos, tendo os mesmos resultados materiais, será censurado ou não desde que exista ou não uma regra que o proíba. É, portanto, a existência dessa regra e a relação que o ato mantém com ela que determinam a sanção. Assim, o homicídio, infamado em tempos normais, não o é em tempos de guerra, porque aí não existe princípio que o interdite. Um ato intrinsecamente único, que atualmente é censurado por um povo europeu, não o era na Grécia, porque na Grécia ele não violava nenhuma regra preestabelecida.

Chegamos, portanto, a uma noção mais profunda da sanção: a sanção é uma conseqüência do ato, resultante não do conteúdo do ato, mas de o ato não ser conforme a uma regra preestabelecida. É porque existe uma regra, anteriormente estabelecida, e porque o ato é um gesto de rebelião contra essa regra, que ele acarreta uma sanção.

Assim, existem regras que apresentam este caráter particular: estamos obrigados a não consumar os atos que elas nos proíbem somente porque elas no-los proíbem. É a isso que chamamos o caráter *obrigatório* da regra moral. Eis encontrada, portanto, por uma análise rigorosamente empírica, a noção de *dever* e de obrigação, aproximadamente como Kant a entendia.

Até aqui, é verdade, consideramos unicamente as sanções negativas (censura, pena), porque o caráter obrigatório da regra nelas se manifesta mais claramente. Mas existem sanções de uma outra espécie. Os atos cometidos em conformidade com a regra moral são louvados; aqueles que os cumprem são honrados. A consciência moral pública reage, então, de uma outra maneira; a conseqüência do ato é favorável ao agente; mas o mecanismo do fenômeno é o mesmo. A sanção, neste caso como no precedente, vem não do próprio ato em si, mas de ser ele conforme a uma regra que o prescreve. Sem dúvida, essa espécie de obrigação é de uma nuança diferente da precedente; mas são duas variações do mesmo grupo. Não existem aí, portanto, duas espécies diferentes de regras morais, uma proibindo e outras obrigando; trata-se de duas espécies do mesmo gênero.

A obrigação moral, portanto, está definida, e essa definição não é privada de interesse; afinal, ela mostra a que ponto as morais utilitárias mais recentes e mais aperfeiçoadas negligenciaram o problema moral. Na moral de Spencer, por exemplo, há uma completa ignorância do que constitui a obrigação. Para ele, a pena não é outra coisa além da conseqüência mecânica do ato (vemos isso em particular em sua obra sobre pedagogia, no que diz respeito às penalidades escolares). Isso é negligenciar radicalmente as características da obrigação moral. E essa idéia absolutamente inexata é ainda muito divulgada. Numa pesquisa recente sobre a moral sem Deus, podíamos ler na carta de um estudioso que gosta de se ocupar com filosofia que a única punição de que o moralista laico pode falar é a que consiste nas más conseqüências dos atos imorais (que a intemperança arruína a saúde, etc.).

Nessas condições, passamos ao largo do problema moral, que é precisamente mostrar o que é o dever, sobre o que o dever se baseia, em que não é uma alucinação, a que corresponde no real.

Até aqui seguimos Kant bem de perto. Porém, se sua análise do ato moral é parcialmente exata, ela é ao mesmo tempo insuficiente e incompleta, pois nos mostra somente um dos aspectos da realidade moral.

Não podemos, com efeito, consumar um ato que não nos diz nada unicamente porque ele nos é ordenado. Perseguir um fim que nos deixa indiferentes, que não nos parece *bom*, que não atinge nossa sensibilidade é coisa psicologicamente impossível. É preciso, portanto, que, ao lado do seu caráter obrigatório, o fim moral seja desejado e desejável; essa *desejabilidade* é um segundo traço de todo ato moral.

Somente a desejabilidade peculiar à vida moral participa do critério precedente, do caráter de obrigação; ela não se assemelha à desejabilidade dos objetos que atraem nossos desejos ordinários. Nós desejamos o ato ordenado pela regra de uma maneira especial. Nosso impulso e nossa aspiração por ele não se dão jamais sem algum sacrifício, sem algum esforço. Mesmo quando consumamos o ato moral com um ardor entusiasmado, sentimos que saímos de nós mesmos, que nos dominamos, que nos elevamos acima de nosso ser natural, o que não se dá sem uma certa tensão, uma certa coerção sobre si. Temos consciência de que cometemos violência contra toda uma parte de nossa natureza. Assim, é preciso dar um certo espaço ao eudemonismo, e poderíamos mostrar que, até na obrigação, o prazer e a desejabilidade penetram; encontramos um certo encanto em consumar o ato moral que nos é ordenado pela regra e tão-somente por aquilo que nos é ordenado. Experimentamos um prazer *sui generis* em fazer nosso dever, porque ele é o dever. A noção de bem penetra também na noção de dever, como a noção de dever e de obrigação penetra na de bem. O eudemonismo está em toda a vida moral, assim como em seu contrário.

O dever, o imperativo kantiano, é somente, portanto, um aspecto abstrato da realidade moral; de fato, a realidade moral apresenta sempre e simultaneamente esses dois aspectos que não podem ser isolados. Jamais existiu um ato que fosse puramente cumprido por dever; sempre foi preciso que ele aparecesse como bom de alguma maneira. Inversamente, não é verossímil que os atos morais sejam puramente desejáveis; afinal, eles sempre reclamam algum esforço.

Da mesma maneira como a noção de obrigação, primeira característica da vida moral, permitia criticar o utilitarismo, a noção de bem, segunda característica, nos permite sentir a insuficiência da explicação que Kant forneceu da obrigação moral. A hipótese kantiana, segundo a qual o sentimento de obrigação seria devido à heterogeneidade radical da razão e da sensibilidade, dificilmente pode ser conciliada com o fato de que os fins morais são, por um de seus aspectos, objetos de desejo. Se a sensibilidade tem, em certa medida, o mesmo fim que a razão, ela não se humilha ao se submeter a esta última.

Essas são as duas características da realidade moral. Serão as únicas? De forma alguma, e eu poderia indicar outras. Mas essas que acabo de assinalar me parecem as mais importantes, as mais constantes, as mais universais. Não conheço regra moral, nem moral, em que elas não sejam encontradas. Apenas são combinadas, conforme o caso, em proporções muito variáveis. Existem atos que são realizados quase exclusivamente por entusiasmo, atos de heroísmo moral, em que o papel da obrigação é muito apagado e pode ser reduzido ao mínimo, em que a noção de bem predomina. Existem outros em que a idéia do dever encontra na sensibilidade um mínimo de apoio. A relação entre esses dois elementos varia também conforme o tempo: assim, na Antiguidade, parece que a noção de dever foi muito apagada; nos sistemas e talvez mesmo na moral realmente vivida pelos povos, é a idéia do Soberano Bem que predomina. De uma maneira geral, o mesmo ocorre, creio eu, por toda parte em que a moral seja essencialmente religiosa. Enfim, a relação dos dois elementos varia também profundamente numa mesma época, conforme os indivíduos. De acordo com as consciências, um ou outro elemento é experimentado mais ou menos vivamente, sendo bem raro que os dois tenham a mesma intensidade. Cada um de nós tem seu daltonismo moral específico. Existem consciências para as quais o ato moral parece sobretudo bom, desejável; existem outras que possuem o sentido da regra, que buscam a ordem, a disciplina, que têm horror a tudo o que é indeterminado, que querem que sua vida se desenvolva seguindo um plano rigoroso e que sua conduta seja constantemente sustentada por um conjunto de regras sólidas e firmes.

E existe aí uma razão a mais para nos mantermos precavidos contra as sugestões de nossas consciências pessoais. Concebemos quais são os perigos de um método individual, subjetivo, que reduz a moral ao sentimento que cada um de nós tem dela, já que quase sempre existiram aspectos essenciais da realidade moral que não sentimos completamente ou que sentimos apenas debilmente.

Mas, dado que essas duas características da vida moral se encontram onde quer que exista um fato moral, podemos dizer que elas estão no mesmo plano? Não existirá aí alguma à qual seja preciso dar a primazia, e da qual a outra derivaria? Não haveria aí lugar, por exemplo, para investigar se a idéia de dever, de obrigação, não é retirada da idéia de bem, de fim desejável a perseguir? Recebi uma carta que me expõe essa questão e me submete essa hipótese. Eu me recuso radicalmente a admiti-lo. Deixo de lado todas as razões que militam por essa hipótese; já que, em todas as épocas, o mais longe a que possamos remontar, encontramos sempre os dois traços coexistindo, não existe nenhuma razão objetiva para admitir entre eles uma ordem de prioridade nem mesmo lógica. Mas, até do ponto de vista teórico e dialético, não percebemos que, se temos deveres somente porque o dever é desejável, a própria noção de dever desaparece? Jamais poderemos derivar, do desejável, a obrigação, já que o caráter específico da obrigação é cometer, em alguma medida, uma violência sobre o desejo.

É tão impossível derivar o dever do bem (ou inversamente) quanto deduzir o altruísmo do egoísmo.

É incompreensível, objetam, que só possamos estar obrigados a realizar um ato em razão do conteúdo intrínseco desse ato. Mas, em primeiro lugar, não mais no estudo dos fenômenos morais que no estudo dos fenômenos psíquicos, ou outros, não temos boas razões para negar um fato constante por não podermos lhe dar no momento uma explicação satisfatória. Em segundo lugar, para que o caráter obrigatório das regras tenha fundamento, basta que também a noção de autoridade moral tenha fundamento; afinal, a uma autoridade moral legítima aos olhos da razão, devemos obediência simplesmente porque ela é autoridade moral, por respeito à disciplina. Todavia, pode ser que hesitemos em negar por completo a autoridade moral. Que a noção em si seja mal analisada não é razão para desconhecer sua inexistência e necessidade. A propósito, veremos mais adiante a que realidade observável corresponde essa noção.

Guardemo-nos, portanto, de simplificar artificialmente a realidade moral. Ao contrário, conservemos com cuidado esses dois aspectos que acabamos de lhe reconhecer, sem nos preocupar com o que parecem ter de contraditório. Essa contradição será explicada logo a seguir.

Por outro lado, há uma outra noção que apresenta a mesma dualidade: é a noção do *sagrado*. O objeto sagrado nos infunde, se não o medo, ao menos um respeito que nos afasta dele, que nos mantém a distância; ao mesmo tempo, ele é objeto de amor e de desejo; tendemos a nos aproximar dele, aspiramos a ele. Eis, portanto, um duplo sentimento, que parece contraditório, mas que na realidade não existe de outra forma.

A pessoa humana notadamente se apresenta a nós sob o duplo aspecto que acabamos de distinguir. De um lado, ela nos inspira um sentimento religioso, que nos mantém a distância. Toda e qualquer invasão do domínio no qual se move legitimamente a pessoa de nossos semelhantes nos parece um tipo de sacrilégio. A pessoa é como que envolvida por uma auréola de santidade, que a põe à parte... Mas, ao mesmo tempo, ela é o objeto eminente de nossa simpatia; é a desenvolver tal simpatia que tendem os nossos esforços. A pessoa é o ideal que nos esforçamos por realizar em nós, o mais completamente que nos for possível.

E, se eu comparo a noção do sagrado à da moral, não o faço apenas para fazer uma aproximação mais ou menos interessante; faço-o porque é muito difícil compreender a vida moral, se não aproximamos da vida religiosa. Com o passar dos séculos, a vida moral e a vida religiosa estiveram intimamente ligadas e mesmo absolutamente confundidas; ainda hoje, somos obrigados a constatar que essa união estreita subsiste na maior parte das consciências. Sendo assim, é evidente que a vida moral não pode nem poderá jamais se despojar de todas as características que tem em comum com a vida religiosa. Quando duas ordens de fatos estiveram tão profundamente ligadas e durante tanto tempo, quando existiu entre elas, e durante tanto tempo, um parentesco tão estreito, é impossível que se dissociem absolutamente e se tornem estranhas uma à outra.

Seria preciso, para tanto, que se transformassem por completo, que deixassem de ser elas mesmas. Deve, portanto, existir o moral no religioso, e o religioso no moral. E de fato a vida moral atual está carregada de religiosidade. Não que esse fundo de religiosidade não se transforme: é certo que a religiosidade moral tende a se tornar completamente diferente da religiosidade teológica. O caráter sagrado da moral não é tal que deva livrá-la da crítica, tal como livra a religião. Existe aí somente uma diferença de grau, e mesmo esta é ainda bem fraca hoje; afinal, para a maior parte dos espíritos, o sagrado da moral mal se distingue do da religião. O que o prova é a repugnância que temos ainda hoje a aplicar à moral o método científico ordinário; parece que *profanamos* a moral ao ousar pensá-la e estudá-la com os procedimentos das ciências profanas. Parece que atentamos contra sua dignidade. Nossos contemporâneos ainda não admitem, sem resistência, que a realidade moral, como todas as outras realidades, possa ser abandonada à disputa dos homens.

II

Chego à segunda parte de minha exposição, e é aqui, sobretudo, que experimento autênticas dúvidas. Após ter determinado as características da realidade moral, gostaria de tentar explicá-las.

Ora, o modo científico de aí chegar consistiria simplesmente em classificar as regras morais numa seqüência, em examiná-las, em inventariá-las, em buscar explicar ao menos as principais entre elas, em determinar as causas que lhes deram origem, as funções úteis que elas exercem e exerceram; e é assim que poderíamos progressivamente chegar a entrever as causas gerais de que dependem as características essenciais que lhes são comuns. É assim que eu procedo, em meu ensinamento. Não podendo seguir aqui esse caminho, serei obrigado a proceder de uma maneira dialética e a admitir um certo número de postulados, sem demonstrá-los de uma maneira tão rigorosa quanto a que seria desejável.

Meu ponto de partida, que é meu primeiro postulado, é o seguinte:

Nós temos deveres somente diante de consciências; todos os nossos deveres se dirigem a pessoas morais, a seres pensantes.

Quais são esses sujeitos conscientes? Eis o problema.

Um ato pode ter somente duas espécies de fins[3]:

1º O indivíduo que eu sou;

2º Outros seres além de mim.

Vejamos em primeiro lugar se os atos que visam unicamente o ser que eu sou têm um caráter moral. Para responder a essa questão, interroguemos a consciência moral comum.

---

[3] O esquema desta argumentação é emprestado da *Ethik* de Wundt. (N. do A.)

Sem dúvida, há aí uma maneira de proceder muito incerta e aleatória; afinal, corremos o risco de fazer a consciência comum falar tal como queremos; entretanto, praticado com boa-fé, o método não pode deixar de dar resultados. Logo de início, provavelmente, constataremos apenas que a consciência moral jamais considerou como moral um ato que visasse *exclusivamente a conservação* do indivíduo; sem dúvida, um tal ato de conservação pode se tornar moral, se eu me conservo pela minha família, pela minha pátria; mas, se me conservo somente por mim mesmo, minha conduta é, aos olhos da opinião comum, despojada de qualquer valor moral.

Os atos que tendem não mais a conservar, mas a desenvolver o meu ser, não teriam maior valor moral? Sim, ainda, se eu procuro me desenvolver não por um interesse pessoal, nem mesmo por um interesse estético, mas para que esse desenvolvimento tenha efeitos úteis para outros seres além de mim. Mas, se procuro somente desenvolver minha inteligência e minhas faculdades para brilhar, para prosperar, para fazer de mim uma bela obra de arte, meu ato jamais será considerado moral.

Assim, o indivíduo que eu sou, enquanto tal, não teria como ser o fim de minha conduta moral. Os outros indivíduos, meus semelhantes, estariam mais suscetíveis de desempenhar esse papel? Se eu não faço nada de moral ao conservar ou desenvolver meu ser individual como tal, por que a individualidade de um outro homem teria um direito de prioridade sobre a minha? Se, por ele mesmo, o agente não conta com nada que possa conferir um caráter moral aos atos que o visam, por que um outro indivíduo, seu igual, gozaria de um privilégio que o primeiro não possui? Entre esses dois indivíduos, podem existir somente diferenças de grau — uns para mais, outros para menos —, o que não poderia explicar a diferença de natureza que separa uma conduta *moral* de uma conduta *amoral*. Se a moral concedesse a alguém o que recusa a outrem, repousaria sobre uma contradição fundamental, o que é inadmissível por razões não somente lógicas, mas práticas. Afinal, é muito difícil conceber de que maneira, conforme fossem usados, esses sentimentos contraditórios não teriam tido consciência de sua contradição. Em todo caso, seria uma moral singularmente incerta essa da qual não poderíamos ter consciência sem que descobríssemos sua inconsistência.

De outra parte, se um de meus semelhantes não tivesse como, ao servir de objetivo a minha conduta, lhe imprimir um caráter moral, essa conduta não se tornaria moral ao tomar como fim não um, mas diversos indivíduos como tais. Afinal, se cada indivíduo tomado à parte é incapaz de comunicar um valor moral a sua conduta, isto é, se não tem por si mesmo valor moral, uma soma numérica de indivíduos não poderia tê-lo igualmente.

Por outro lado, no que diz respeito aos atos que visam tanto a outrem como a mim mesmo, não penso em afirmar que, de fato e sempre, a opinião comum lhes recuse qualquer valor moral; sobretudo para os últimos, isso seria manifestamente contrário à evidência. Eu digo somente que, quando eles têm um valor moral, é porque visam um fim superior ao indivíduo que eu sou, ou aos indivíduos que são os outros homens. Entendo que a moralidade que lhes é reconhecida deve necessariamente derivar de uma fonte mais alta. Isso é evidente, para os atos dos quais eu sou o agente e o objeto; se somos conseqüentes com nós mesmos, a mesma evidência vale para os atos dos quais eu sou o agente e outro é o objeto.

Porém, se podemos estar ligados pelo dever somente a sujeitos conscientes, agora que eliminamos qualquer sujeito individual, não me resta mais outro objetivo possível à atividade moral além do sujeito *sui generis* formado por uma pluralidade de sujeitos individuais associados de maneira a formar um grupo; nada mais resta além do sujeito coletivo. Ainda é preciso que a personalidade coletiva seja outra coisa que não o total dos indivíduos de que é composta; afinal, se ela nada mais fosse que uma soma, não poderia ter mais valor moral que os elementos de que é formada e que, por eles mesmos, não o têm. Chegamos então a esta conclusão: se existe uma moral, um sistema de deveres e de obrigações, é preciso que a sociedade seja uma pessoa moral qualitativamente distinta das pessoas individuais que compreende e da síntese das quais resulta. Notemos a analogia que existe entre esse raciocínio e aquele pelo qual Kant demonstra Deus. Kant postula Deus porque, sem essa hipótese, a moral é ininteligível. Nós postulamos uma sociedade especificamente distinta dos indivíduos porque, de outra maneira, a moral não tem objeto, o dever não tem ponto de inserção. Acrescentemos que esse postulado é fácil de verificar pela experiência. Embora eu já tenha por vezes tratado a questão em meus livros, ser-me-ia fácil acrescentar razões novas às que anteriormente apresentei para justificar essa concepção.

Toda essa argumentação pode, em definitivo, se reduzir a três termos muito simples. Ela nos leva a admitir que, aos olhos da opinião comum, a moral começa somente quando começa o desprendimento, a abnegação. Mas o desprendimento somente faz sentido se o sujeito ao qual nos submetemos tem um valor mais alto que nós, indivíduos. Todavia, no mundo da experiência, conheço somente um sujeito que possui uma realidade moral, mais rica, mais complexa que a nossa: é a coletividade. Engano-me; existe um outro que poderia desempenhar esse mesmo papel: é a divindade. Entre Deus e a sociedade, é preciso escolher. Não examinarei aqui as razões que podem militar em favor de uma ou de outra solução, as quais são ambas coerentes. Acrescento que, do meu ponto de vista, essa escolha me deixa bastante indiferente; afinal, apenas vejo na divindade a sociedade transfigurada e pensada simbolicamente.

A moral começa, portanto, onde começa a vida em grupo, porque é só aí que a abnegação e o desprendimento adquirem um sentido. Falo da vida em grupo de uma maneira geral. Sem dúvida, existem grupos diferentes: família, corporação, cidade, pátria, agrupamentos internacionais; entre esses grupos diversos, uma hierarquia poderia ser estabelecida; e encontraremos graus correspondentes nas diferentes formas da atividade moral, conforme ela tome por objeto uma sociedade mais estrita ou mais ampla, mais elementar ou mais complexa, mais particular ou mais compreensiva. Mas é inútil entrar aqui nessas questões. Basta marcar o ponto onde parece começar o domínio da vida moral, não havendo utilidade em aí introduzir, no momento, uma diferenciação. Esse domínio começa quando existe vinculação a um grupo, ainda que seja restrito.

E agora os atos que tínhamos afastado durante o percurso retomarão mediatamente, indiretamente, um caráter moral. O interesse de outrem, havíamos dito, não poderia ter mais valor moral intrínseco do que meu próprio interesse. Porém, na medida em que o outro participa da vida do grupo, na medida em que ele é membro da coletividade à qual estamos vinculados, aos nossos olhos ele toma alguma coisa da mesma dignidade e somos inclinados a amá-lo e a querê-lo. Depender da sociedade é, como mostraremos melhor logo em seguida, depender do ideal social; todavia, existe um pouco desse ideal em cada um de nós; é, portanto, natural que cada indivíduo participe em alguma medida do respeito religioso que esse ideal inspira. A vinculação ao grupo implica, portanto, de uma maneira indireta, mas necessária, a vinculação aos indivíduos, e quando o ideal da sociedade é uma forma particular do ideal humano, quando o tipo do cidadão se confunde em grande parte com o tipo genérico do homem, é ao homem enquanto homem que nós nos encontramos vinculados. Eis o que explica o caráter moral que é atribuído aos sentimentos de simpatia interindividual e aos atos que eles inspiram. Não é que eles constituam, por si mesmos, elementos intrínsecos do temperamento moral; mas estão deveras estritamente — embora indiretamente — ligados às disposições morais mais essenciais para que sua ausência possa ser, não sem razão, considerada como o indício muito provável de uma menor moralidade. Quando amamos nossa pátria, quando amamos a humanidade, não podemos ver o sofrimento de nossos companheiros sem sofrer também e sem experimentar a necessidade de encontrar um remédio para isso. Mas o que nos liga moralmente a outrem não é nada do que constitui sua individualidade empírica: é o fim superior do qual ele é o servidor e o órgão[4].

Estamos agora em condições de compreender como passam a existir regras, denominadas regras morais, às quais é preciso que obedeçamos porque elas ordenam, e que nos vinculam a fins que vão além de nós, ao mesmo tempo em que os consideramos desejáveis.

Acabamos de ver, com efeito, que a sociedade é o fim eminente de toda atividade moral. Ora: 1º Ao mesmo tempo em que vai além das consciências individuais, ela lhes é imanente; 2º Ela possui todas as características de uma autoridade moral que impõe o respeito.

1º A sociedade é, para as consciências individuais, um objetivo transcendente. Com efeito, ela transcende o indivíduo por todos os lados. Ela o ultrapassa materialmente, já que resulta da coalizão de todas as forças individuais. Mas, em si mesma, essa grandeza material seria insuficiente. O universo também ultrapassa o indivíduo, massacra-o com sua enormidade e, no entanto, não é moral. Somente a sociedade é uma coisa diferente de uma potência material; é uma grande potência moral. Ela vai além de nós, não apenas fisicamente, mas material e moralmente. A civilização se deve à cooperação dos homens associados e das gerações sucessivas; ela é, portanto, uma obra essencialmente social. Foi a sociedade que a

---

[4] É dessa mesma forma que o devotamento do estudioso à ciência pode assumir, indiretamente, um caráter moral. A busca da verdade não é moral, em si mesma e por si mesma; tudo depende do objetivo com que é perseguida. A busca da verdade só é verdadeira e plenamente moral quando a ciência é amada por causa dos efeitos benéficos que deve ter para a sociedade, para a humanidade. Mas, por outro lado, a abnegação do estudioso, apaixonado por sua ciência, lembra muito, pelo processo mental que implica, a abnegação propriamente moral exigida para não participar, em alguma medida, dos sentimentos que a ciência inspira. O devotamento do estudioso à ciência se reveste, portanto, de moralidade. (N. do A.)

fez, é a sociedade que toma conta dela e a transmite aos indivíduos. É da sociedade que a recebemos. Todavia, a civilização é o conjunto de todos os bens aos quais associamos o prêmio máximo; é o conjunto dos mais altos valores humanos. Pelo fato de a sociedade ser ao mesmo tempo a fonte e a guardiã da civilização, pelo fato de ser o canal pelo qual a civilização chega até nós, ela nos aparece, portanto, como uma realidade infinitamente mais rica, mais alta que a nossa, uma realidade da qual nos vem tudo o que temos diante dos olhos, e que, entretanto, nos transcende por todos os lados, já que, dessas riquezas intelectuais e morais das quais ela tem a guarda, apenas algumas parcelas alcançam a alguns de nós. E, quanto mais avançamos na história, mais a civilização humana se torna uma coisa enorme e complexa; em conseqüência, mais transpõe as consciências individuais, mais o indivíduo sente a sociedade como transcendente em relação a ele. Cada um dos membros de uma tribo australiana leva consigo a integralidade de sua civilização tribal; de nossa civilização atual, cada um de nós não chega a integrar senão uma mísera parte.

Mas nós sempre incorporamos alguma parte dela em nós. E assim, ao mesmo tempo em que a sociedade é transcendente, em relação a nós, ela nos é imanente e nós a sentimos como tal. Ao mesmo tempo em que nos ultrapassa, ela nos é interior, já que só pode viver em nós e por nós. Ou, antes, sociedade somos nós mesmos, em certo sentido, e a melhor parte de nós mesmos, já que o homem só é homem na medida em que é civilizado. O que faz de nós seres verdadeiramente humanos é aquilo que chegamos a assimilar desse conjunto de idéias, de sentimentos, de crenças, de preceitos de conduta a que chamamos civilização. Isso foi demonstrado há muito tempo por Rousseau: se retiramos do homem tudo o que lhe vem da sociedade, nada mais resta além de um ser reduzido à sensação, e mais ou menos indistinto do animal. Sem a linguagem, coisa social por excelência, as idéias gerais ou abstratas são praticamente impossíveis, e se perdem, por conseguinte, todas as funções mentais superiores. Abandonado a si mesmo, o indivíduo cairia na dependência das forças físicas; se ele pôde escapar a isso, se pôde se emancipar, tornar-se uma personalidade, é porque pôde se pôr ao abrigo de uma força *sui generis*, força intensa, já que resulta da coalizão de todas as forças individuais, mas força inteligente e moral, capaz, por conseguinte, de neutralizar as energias ininteligentes e amorais da natureza: é a força coletiva. É lícito ao teórico demonstrar que o homem tem direito à liberdade; mas, seja qual for o valor de suas demonstrações, o que é certo é que essa liberdade só se torna uma realidade na e pela sociedade.

Assim, querer a sociedade é, de um lado, querer alguma coisa que nos transcende; mas é, ao mesmo tempo, nos querer a nós mesmos. Nós não podemos querer sair da sociedade, sem querer deixar de ser homens. Não sei se a civilização nos trouxe mais felicidade, e isso nem importa; o que é certo é que, a partir do momento em que somos civilizados, nós só podemos renunciar a isso se renunciarmos a nós mesmos. A única questão para o homem não é saber se pode ou não viver fora de uma sociedade, mas em qual sociedade pode viver; no entanto, eu reconheço, com muito prazer, a todo indivíduo o direito de adotar a sociedade de sua escolha, de supor que não está acorrentado à sociedade natal por deveres previamente contratados. Dessa forma explicamos sem dificuldade como a sociedade, ao mesmo tempo em que constitui um fim que nos transcende, pode nos parecer boa e desejável, já que depende de todas as fibras de nosso ser; e, assim, apresenta as características essenciais que reconhecemos anteriormente para os fins morais.

2º Mas, ao mesmo tempo, a socidade é uma autoridade moral. É o que resulta do que acabamos de dizer. Afinal, o que é uma autoridade moral, senão o caráter que atribuímos a um ser, não importa se real ou ideal, mas que concebemos como constituindo uma potência moral superior àquela que nós somos? Todavia, o atributo característico de toda autoridade moral é o de impor o respeito; em razão desse respeito, nossa vontade difere das ordens que essa autoridade prescreve. A sociedade, portanto, tem nela tudo o que é necessário para comunicar a certas regras de conduta esse mesmo caráter imperativo, distintivo da obrigação moral.

Faltaria, é verdade, examinar *se, de fato*, é dessa fonte que as regras morais emprestam a autoridade que as faz aparecer às consciências como obrigatórias. Como já disse no começo, é um exame ao qual me é impossível proceder aqui. Tudo o que posso afirmar é que, até o presente, ainda não encontrei, no curso de minhas pesquisas, uma única regra moral que não seja o produto de fatores sociais determinados. Espero que me indiquem alguma que pareça exigir uma explicação de algum outro tipo. De resto, o fato, hoje estabelecido de uma maneira incontestável, de que todos os sistemas de moral efetivamente praticados pelos povos existem em razão da organização social desses povos, dependem de sua estrutura e variam como ela não é em si mesmo suficientemente demonstrativo? Houve um tempo, é verdade, em que essa diversidade das morais era atribuída à ignorância ou ao esquecimento dos homens. Mas a história estabeleceu que, salvo em casos anormais, cada sociedade teve, geralmente, a moral que lhe era necessária; que qualquer outra não somente não lhe seria possível, mas seria mortal à sociedade que a praticasse. A moral individual, seja lá o que já disseram dela, não escapa a essa lei; ela é mesmo extremamente social. Afinal, o que a moral individual prescreve que realizemos é o tipo ideal do homem, tal como o concebe determinada sociedade; todavia, cada sociedade o concebe conforme sua imagem. Nem o ideal do romano nem o ideal do ateniense estavam estritamente em relação com a organização própria de cada uma dessas cidades. Esse tipo ideal, que cada sociedade reclama a seus membros que realizem, não será mesmo a parte essencial de todo o sistema social, e que constitui sua unidade?

Ao mesmo tempo em que as duas características do fato moral se tornam assim inteligíveis, ao mesmo tempo em que percebemos o que essas características exprimem, vemos o que constitui sua unidade: elas são apenas dois aspectos de uma única e mesma realidade, que é a realidade coletiva. A sociedade nos comanda porque é exterior e superior a nós; a distância moral que existe entre ela e nós faz dela uma autoridade perante a qual nossa vontade se inclina. Mas como, por outro lado, ela nos é interior, como está em nós, como é nós, por essa razão nós a amamos, a desejamos, se bem que com um desejo *sui generis*, já que, não importa o que façamos, a sociedade é sempre nossa apenas em parte, e nos domina infinitamente.

Enfim, do mesmo ponto de vista, podemos compreender esse caráter sagrado pelo qual as coisas morais sempre foram e são ainda marcadas, essa religiosidade sem a qual jamais existiria ética.

Parto da observação de que os objetos não têm valor por eles mesmos. Essa verdade se aplica inclusive às coisas econômicas. A velha teoria economista, segundo a qual existiriam valores objetivos, inerentes às coisas e independentes de nossas representações, não conta mais com representantes hoje em dia. Os valores são produtos da opinião; as coisas têm valor somente em relação aos estados de consciência. No tempo em que o trabalho manual era marcado por um descrédito moral, o valor que lhe era atribuído e que se traduzia na maneira pela qual era retribuído era inferior àquele que hoje em dia lhe reconhecemos. Poderíamos multiplicar os exemplos.

Isso vale tanto para as coisas morais como para as coisas econômicas. Quando dizemos que as coisas são sagradas, entendemos que têm um valor incomensurável com os outros valores humanos. Afinal, o sagrado é aquilo que está à parte, aquilo que não possui medida comum com o que é profano. E é muito certo que as coisas morais possuam essa característica; afinal, jamais admitiremos, jamais, pelo que eu saiba, os homens admitiram que um valor moral pudesse ser exprimido em razão de um valor de ordem econômica, ou, eu diria, de ordem temporal. Nós podemos, em certos casos, em nome da fragilidade humana, escusar o homem que sacrificou seu dever para conservar sua vida; em momento algum ousaríamos proclamar que esse sacrifício é legítimo e merecedor de ser aprovado. Entretanto, a vida é, de todos os bens profanos, amorais, aquele a que aspiramos mais naturalmente, já que é a condição para os demais.

Mas, então, para que as coisas morais fiquem sem paralelo neste ponto, é preciso que os sentimentos que determinam seus valores tenham a mesma característica; é preciso que também eles sejam sem paralelo entre os outros desejos humanos; é preciso que eles tenham um prestígio e uma energia que os ponham à parte entre os movimentos de nossa sensibilidade. Ora, os sentimentos coletivos satisfazem a essa condição. Precisamente porque são o eco, em nós, da grande voz da coletividade, eles falam ao interior de nossas consciências num tom diferente daquele dos sentimentos puramente individuais; eles nos falam de mais alto; em razão até de sua origem, eles têm uma força e uma ascendência bem particulares. Concebemos, portanto, que as coisas às quais esses sentimentos estão ligados participam desse mesmo prestígio, e que se situam à parte e se elevam acima das outras na mesma medida em que essas duas espécies de estados de consciência estão separadas.

Eis de onde vem esse caráter sagrado de que atualmente está investida a pessoa humana. Esse caráter não lhe é inerente. Analisem o homem tal como ele se apresenta à análise empírica, e vocês não encontrarão nada que implique essa santidade; não existe nada nele que não seja temporal. Mas, sob o efeito de causas que não temos de investigar aqui, a pessoa humana se torna a coisa à qual a consciência social dos povos europeus está ligada mais do que a qualquer outra; por conseguinte, ela adquiriu um valor incomparável. Foi a sociedade que a consagrou. Essa espécie de auréola, que envolve o homem e o protege contra as invasões sacrílegas, o homem não a possui naturalmente; é a maneira pela qual a sociedade pensa nele, é a alta estima que presentemente tem por ele, projetada para fora e objetivada. Assim, bem longe de existir entre o indivíduo e a sociedade o antagonismo tantas vezes imaginado, na realidade o individualismo moral, o culto do indivíduo humano é obra da sociedade. Foi ela que o instituiu. Foi ela que fez do homem um deus do qual se tornou serva.

Pode ser que assim representemos melhor o que é essa sociedade na qual acredito encontrar o fim e a fonte da moral. Por vezes, acusaram-me de, dessa forma, dar à vida moral um objetivo bem medíocre e ao mesmo tempo um espaço bem exíguo. Sem dúvida, se vemos na sociedade unicamente o grupo de indivíduos que a compõe, o hábitat que eles ocupam, a reprovação se justifica sem dificuldade. Mas a sociedade é coisa bem diversa; é antes de tudo um conjunto de idéias, de crenças, de sentimentos de todas as espécies, que se realizam pelos indivíduos; e, no primeiro escalão dessas idéias, se encontra o ideal moral, que é sua principal razão de ser. Querê-la é querer esse ideal, de modo que podemos, por vezes, preferir vê-la desaparecer como entidade material a renegar o ideal que ela encarna. Uma sociedade é uma chama intensa de atividade intelectual e moral, cuja luminosidade se estende ao longe. Das ações e das reações que se trocam entre os indivíduos, descobrimos uma vida mental, inteiramente nova, que transporta nossas consciências para um mundo do qual não teríamos nenhuma idéia, se vivêssemos isolados. Nós nos apercebemos disso justamente nas épocas de crise, quando algum grande movimento coletivo nos captura, nos convoca para cima de nós mesmos, nos transfigura. Se, no curso ordinário da vida, sentimos menos vivamente essa ação, porque ela é menos violenta e menos intensa, ela não deixa ainda assim de ser real.

III

Serei bem breve acerca da terceira parte de meu programa. Eu a inseri unicamente para nos permitir discutir uma objeção que me foi feita muitas vezes, e que se baseia, creio eu, num mal-entendido.

Dizem que essa maneira de conceber a moral exclui a possibilidade de julgá-la. Parece que, se a moral é o produto da coletividade, ela deve se impor necessariamente ao indivíduo, e que este está condenado a aceitá-la passivamente sem ter jamais o direito de se voltar contra ela, qualquer que ela possa ser. Estaríamos, assim, condenados a seguir sempre a opinião comum sem jamais poder, por um juízo exato, nos insurgir contra ela.

Porém, aqui, como em outros lugares, a ciência do real nos põe em condições de modificá-lo e dirigi-lo. A ciência da opinião moral nos fornece os meios para julgá-la e, se preciso, retificá-la. Eu quero dar, dessas retificações possíveis, uma lista de exemplos que não é de maneira alguma exaustiva.

Antes de tudo, é possível que, como efeito de uma tormenta passageira, algum dos princípios fundamentais da moral seja eclipsado por um momento na consciência pública, que, não o sentindo mais, nega-o (teórica e explicitamente ou praticamente e de fato, não importa). A ciência dos costumes pode chamar essa consciência moral temporariamente abalada a ser o que ela era anteriormente e de uma maneira crônica; e assim, comparando a maneira permanente como a consciência moral, durante tanto tempo, afirmou o princípio agora negado e o caráter agudo, passageiro da crise durante a qual este sucumbiu, podemos, em nome da ciência, despertar dúvidas racionais acerca da legitimidade dessa negação. Podemos, sempre pelo mesmo método, fazer mais e mostrar como esse princípio está relacionado a tais ou quais condições essenciais e sempre atuais de nossa organização social, de nossa mentalidade coletiva, e como, por conseguinte, não podemos negligenciá-lo sem negligenciar também as condições da existência coletiva e, conseqüentemente, da existência individual. Se, por exemplo, em um dado momento, a sociedade, em seu conjunto, tende a perder de vista os direitos sagrados do indivíduo, acaso não podemos repreendê-la com autoridade lembrando-lhe como o respeito a tais direitos está estritamente ligado à estrutura das grandes sociedades européias, a todo o conjunto de nossa mentalidade, de modo que negá-los a pretexto de interesses sociais seria negar os interesses sociais mais essenciais?

É bem possível, igualmente, que, ao lado da moral constituída, que se mantém pela força da tradição, tendências novas apareçam, mais ou menos conscientes delas mesmas. A ciência dos costumes pode então nos permitir tomar partido entre essas morais divergentes: a que existe, de um lado, e a que tende a existir, de outro. Ela pode nos ensinar, por exemplo, que a primeira corresponde a um estado de coisas que desapareceu ou que está em via de desaparecer; que as idéias novas que estão em via de emergir têm, ao contrário, relação com as mudanças sobrevindas nas condições da existência coletiva, e são reclamadas por essas mudanças; ela pode nos auxiliar a precisar essas idéias e a determiná-las, etc.

Nós não somos, portanto, de forma alguma obrigados a nos inclinar docilmente diante da obrigação moral. Podemos inclusive nos considerar, em certos casos, cheios de razões para nos rebelar contra ela. Pode acontecer, com efeito, que, por um dos motivos que acabam de ser indicados, julguemos ser nosso dever lutar contra as idéias morais que sabemos serem obsoletas, que nada mais são que antiguidades, e que o meio mais eficaz para isso nos pareça ser negar essas idéias, não apenas teoricamente, mas por atos. Sem dúvida, temos aqui casos de consciência sempre delicados, que não pretendo resolver em poucas palavras; quero apenas mostrar que o método a que me refiro permite fazê-lo.

Porém, em todo caso, não podemos aspirar a uma moral diferente da que é exigida por nosso estado social. Existe aqui um ponto de referência objetivo ao qual devem sempre se reportar nossas apreciações. A razão que julga nessas matérias não é, portanto, a razão individual, movida sabe lá por quais inspirações interiores, por quais preferências pessoais; é a razão apoiada sobre o conhecimento, tão metodicamente elaborado quanto possível, de uma dada realidade, a saber, a realidade social. É da sociedade e não do eu que depende a moral. E sem dúvida acontece freqüentemente que sejamos obrigados a tomar partido acerca dessas questões sem esperar que a ciência esteja avançada o bastante para nos guiar; as necessidades da ação sempre nos obrigam a nos anteciparmos à ciência. Agimos então como podemos, substituindo a ciência metódica, que é impossível, por uma ciência sumária, ativa, completada pelas inspirações da sensibilidade. Mas não se trata de afirmar que uma ciência nascida ontem tenha condições de orientar soberanamente a conduta. Eu gostaria apenas de mostrar que essa ciência não nos proíbe de apreciar o real, mas nos dá, ao contrário, meios de apreciação racional.

Tal é — tanto quanto pode ser exposta no curso de uma conversa — a concepção geral dos fatos morais à qual me conduziram as pesquisas que desenvolvi acerca desse assunto por pouco mais de vinte anos. Por vezes essa concepção foi julgada limitada; espero que, mais bem compreendida, ela deixe de lado essa imagem. Pudemos ver, ao contrário, que, sem se propor sistematicamente a ser eclética, essa concepção acaba por dar lugar a pontos de vista que normalmente parecem os mais opostos. O que quero mostrar, sobretudo, é que ela permite tratar empiricamente os fatos morais, sempre preservando seu caráter *sui generis*, isto é, essa religiosidade que lhes é inerente e que os põe à parte no conjunto dos fenômenos humanos. Escapamos, assim, ao empirismo utilitário que procura explicar a moral racionalmente, negando, porém, suas características específicas, ao rebaixar suas noções essenciais ao mesmo escalão que as noções fundamentais das técnicas econômicas; escapamos, também, ao apriorismo kantiano, que fornece uma análise relativamente fiel da consciência moral, mas descreve mais do que explica. Chegamos à noção do dever, mas por razões de ordem experimental, e sem excluir o que existe de fundamentado no eudemonismo. É que essas maneiras de ver, que se opõem nos moralistas, excluem-se apenas abstratamente. De fato, elas simplesmente exprimem aspectos diferentes de uma realidade complexa e, por conseguinte, reencontramos todas elas, cada uma em seu lugar, quando aplicamos sua observação sobre essa realidade e procuramos conhecê-la em sua complexidade.

CAPÍTULO 3

Respostas às objeções*

I. O estado da sociedade e o estado da opinião

Eu disse há pouco que o ponto de referência que devemos ter ao estabelecer nossas antecipações do futuro da moral não é o estado da opinião, mas o estado real da sociedade ou aquele que a sociedade parece chamada a assumir em virtude das causas necessárias que dominam a evolução. O que importa saber é o que é a sociedade, e não a maneira como ela concebe a si mesma, que pode estar equivocada. Por exemplo, hoje, o problema consiste em procurar saber o que deve vir a se tornar a moral numa sociedade como a nossa, caracterizada por uma concentração e uma unificação crescentes, pela profusão cada vez maior de vias de comunicação que põem em contato as diferentes partes da sociedade,

* Fazemos seguir, à comunicação feita pelo Sr. Durkheim à Sociedade Francesa de Filosofia em 11 de fevereiro, alguns fragmentos emprestados da discussão que se seguiu, em 27 de março. Retivemos dessa discussão somente as passagens mais desenvolvidas que nos parecem apropriadas para esclarecer as teorias do Sr. Durkheim sobre a ciência da moral. Os títulos são nossos. O primeiro fragmento é uma resposta a uma observação do Sr. Parodi. (Nota dos Editores de 1924)

pela absorção da vida local na vida geral, pela decolagem da grande indústria, pelo desenvolvimento do espírito individualista que acompanha essa centralização de todas as forças sociais, etc.

Quanto às aspirações confusas que emergem de diferentes lados, elas exprimem a maneira pela qual a sociedade, ou, antes, as diferentes partes da sociedade representam para si esse estado e os meios de enfrentá-lo; tais aspirações não têm outro valor. Certamente, elas constituem elementos preciosos de informação, já que traduzem alguma coisa da realidade social subjacente. Mas cada uma dessas aspirações exprime somente um aspecto, e não o faz sempre fielmente. As paixões, os preconceitos que sempre tomam partido não permitem que essa tradução seja exata. É à ciência que cabe alcançar a verdadeira realidade e exprimi-la, e é na realidade assim conhecida que o estudioso deve fundamentar sua antecipação. Certamente, para poder tratar do problema moral prático, tal como ele se apresenta hoje, é bom conhecer a corrente socialista sob suas diferentes formas, assim como a corrente contrária, ou a corrente mística, etc. Mas o estudioso pode estar certo de antemão de que nenhuma dessas aspirações teria como satisfazê-lo sob a forma que tomasse espontaneamente, embora uma delas possa apresentar mais verdade prática que as outras e merecer, nesse sentido, uma certa preferência.

O papel da ciência, portanto, não se limita, *a priori*, a introduzir um pouco mais de clareza nas tendências da opinião. É o estado da sociedade, e não o estado da opinião, que é preciso alcançar. Apenas, de fato, dificilmente podemos admitir que a opinião não exprima nada de real, que as aspirações da consciência coletiva sejam puras alucinações. Ainda que elas não vinculem de forma alguma a investigação científica, podemos prever que os resultados da investigação, caso seja ela metódica, corresponderão a algumas das aspirações da consciência coletiva, e que haverá lugar para esclarecer, precisar, completar umas pelas outras. Por outro lado, se o estudioso ou o filósofo viesse a preconizar uma moral pela qual a opinião não guardasse a menor consideração, agiria em vão, já que essa moral permaneceria letra morta; e uma tal discordância seria suficiente para levar um espírito prudente e metódico a desconfiar de suas conclusões, ainda que elas lhe parecessem bem deduzidas. Eis como, *na prática*, o papel da reflexão sempre consistiu mais ou menos em ajudar os contemporâneos a tomar consciência deles mesmos, de suas necessidades, de seus sentimentos. A ciência da moral, tal como eu a compreendo, não é senão um emprego mais metódico da reflexão posta a serviço desse mesmo fim.

Sócrates exprimia mais fielmente que seus juízes a moral que convinha à sociedade de seu tempo. Seria fácil mostrar que, em conseqüência das transformações pelas quais tinha passado a velha organização gentílica, e do abalo das crenças religiosas que daí resultaram, uma nova fé religiosa e moral tinha se tornado necessária em Atenas. Seria fácil ver que essa aspiração por fórmulas novas já não era sentida apenas por Sócrates, que existia uma poderosa corrente nesse sentido, que os sofistas já tinham expressado. Eis em que sentido Sócrates ultrapassara sua época ao mesmo tempo que a traduzira.

II. A razão individual e a realidade moral[1]

O indivíduo pode esquivar-se parcialmente das regras existentes, na medida em que quer a sociedade tal como ela é, e não como ela aparece, na medida em que quer uma moral adaptada ao estado atual da sociedade e não a um estado social historicamente extinto, etc. O princípio da rebelião é, portanto, o mesmo do conformismo. É à natureza *verdadeira* da sociedade que ele se conforma quando obedece à moral

[1] Em resposta a uma observação do Sr. Darlu. (N. do E.)

tradicional; é à natureza *verdadeira* da sociedade que ele se conforma quando se revolta contra essa mesma moral...

No reino moral, como nos outros reinos da natureza, a razão do *indivíduo* não possui privilégios enquanto razão do *indivíduo*. A única razão pela qual vocês podem legitimamente reivindicar, aqui como em outros lugares, o direito de intervir e de elevar-se acima da realidade moral histórica, com vista a reformá-la, essa não é a minha razão, nem a de vocês; é a razão humana, impessoal, que só se realiza verdadeiramente na ciência. Da mesma maneira que a ciência das coisas físicas nos permite redirecioná-las, a ciência dos fatos morais nos deixa em condições de corrigir, de redirecionar, de dirigir o curso da vida moral. Mas essa intervenção da ciência tem por efeito substituir o ideal coletivo de hoje, não por um ideal individual, mas por um ideal igualmente coletivo, e que exprime não uma personalidade particular, mas a coletividade mais bem compreendida.

A ciência dos fatos morais, tal como eu a compreendo, é precisamente a razão humana aplicando-se ao fato moral, para antes de tudo compreendê-lo e compreender, de modo a, em seguida, dirigir suas transformações. Não existe, em tudo isso, um *sentido próprio*. Ao contrário, esse emprego metódico da razão tem como principal objeto nos desviar, na medida em que está em nós, das sugestões do sentido próprio, para deixar as coisas falarem por si. As coisas, aqui, são o estado presente da opinião moral em suas relações com a realidade social que ela deve exprimir...

Sobre isso existe entre nós, creio eu, uma divergência da qual mais vale tomar consciência que buscar mascará-la. Vocês concebem a rebelião contra a tradição moral como uma revolta do indivíduo contra a coletividade, de nossos sentimentos pessoais contra os sentimentos coletivos. O que eu oponho à coletividade é a própria coletividade, porém com uma consciência de si maior e melhor. Poderíamos dizer que a sociedade só atinge realmente essa consciência mais elevada de si mesma num e por um espírito individual? De maneira alguma; afinal, a sociedade só atinge realmente essa consciência mais elevada de si por meio da ciência, e a ciência não é coisa de um indivíduo, é uma coisa social, impessoal antes de tudo.

Certamente, os direitos que reconheço assim à razão são consideráveis. Mas precisamos explicar o termo razão. Se entendemos por ele que a razão possui em si mesma, no estado imanente, um ideal moral que seria o verdadeiro ideal moral, que ela poderia e deveria opor àquele que a sociedade persegue em cada momento da história, eu digo que esse apriorismo é uma afirmação arbitrária que todos os fatos conhecidos contradizem. A razão à qual apelo é a razão que se aplica metodicamente a uma matéria dada, a saber, à realidade moral do presente e do passado, para saber o que ela é, tirando em seguida desse estudo histórico conseqüências práticas. A razão assim entendida é bem simplesmente a ciência, e especificamente a ciência dos fatos morais. Todos os meus esforços tendem precisamente a tirar a moral do subjetivismo sentimental em que ela se atrasa, e que é uma forma de empirismo ou de misticismo, duas maneiras de pensar estreitamente aparentadas.

Por outro lado, ao me expressar assim, não pretendo de forma alguma dizer que não possamos reformar a moral senão quando a ciência estiver avançada o bastante para nos ditar as reformas úteis. É claro que é preciso viver, e que muitas vezes temos de preceder a ciência. Nesse caso, nós fazemos o que podemos, servindo-nos dos rudimentos de conhecimentos científicos de que dispomos, completando-os com nossas impressões, nossas sensações, etc. Corremos então mais riscos, é verdade, mas às vezes é necessário arriscar. Tudo o que quero provar é que a atitude que acredito poder adotar no estudo dos fatos morais não me condena a uma espécie de otimismo resignado...

O Sr. Darlu afirma como uma evidência que existem infinitamente mais coisas na consciência de um "indivíduo que na sociedade mais complexa e mais perfeita". Devo confessar que, no meu caso, é o contrário que me parece evidente. O conjunto dos bens intelectuais e morais que constitui a civilização a cada momento da história tem como sede a consciência da coletividade, e não a do indivíduo. Cada um de nós só chega a assimilar fragmentos de ciências, só se abre a algumas impressões estéticas. É na sociedade e pela sociedade que vivem a ciência e a arte em sua integralidade. Há quem fale em riqueza moral do indivíduo! Mas, das diversas correntes morais que moldam nossa época, cada um de nós mal percebe uma, aquela que atravessa nosso meio individual, e ainda temos dela somente uma sensação fragmentária e superficial. Como a vida moral da sociedade, com suas aspirações de todas as espécies, que se completam ou se chocam, é mais rica e mais complexa! Mas nós não sabemos quase nada dessa atividade intensa que se agita em volta de nós...

De todas as regras da moral, as que dizem respeito ao ideal individual são também aquelas cuja origem social é mais fácil de estabelecer. O homem que buscamos ser é o homem de nosso tempo e de nosso meio. Sem dúvida, cada um de nós preenche à sua maneira esse ideal comum, marca-o com sua individualidade, ao mesmo tempo em que cada um de nós pratica a caridade, a justiça, o patriotismo, etc., à sua maneira. Mas trata-se tão pouco de uma construção individual, que é nesse ideal que comungam todos os homens de um mesmo grupo; é sobretudo esse ideal que constitui sua unidade moral. O romano tinha seu ideal da perfeição individual em relação à constituição da cidade romana, como nós temos o nosso em relação à estrutura de nossas sociedades contemporâneas. É uma ilusão grosseira demais acreditar que a geramos livremente em nosso foro íntimo.

III. O sentimento da obrigação. O caráter sagrado da moral[2]

O sentimento da obrigação varia sem parar, a ponto de, quando perdemos de vista essa variabilidade, poderemos acreditar por momentos que esse sentimento desaparece, simplesmente porque se modifica. É o que ocorre hoje na sociedade francesa. Fico muito surpreso em ver que, *atualmente*, é o outro aspecto, o aspecto desejável da moral, que predomina em muitas consciências individuais. Existem para isso razões que não é impossível vislumbrar.

Com efeito, para que o sentimento da obrigação tenha todo o seu destaque, é preciso que exista uma moral claramente constituída, que se imponha a todos sem contestação. Todavia, hoje em dia, a moral tradicional anda abalada, sem que nenhuma outra tenha-se formado para tomar seu lugar. Antigos deveres perderam seu império, sem que vejamos ainda claramente e com um olhar seguro quais são nossos novos deveres. Idéias divergentes dividem os espíritos. Nós atravessamos um período de crise. Não é, portanto, impressionante que não sintamos as regras morais tão imperativas quanto no passado; elas não nos podem parecer tão respeitáveis, já que são, em parte, inexistentes. Disso resulta que a moral se apresenta a nós menos como um código de deveres, uma disciplina definida que nos obriga, que como um ideal vislumbrado, mas ainda assim bem indeterminado, que nos cativa. O germe da vida moral é menos um sentimento de deferência por um imperativo incontestado que uma espécie de inspiração por um objetivo elevado, mas impreciso. Mas vemos mais uma vez o quanto é preciso que desconfiemos das conclusões que poderíamos ser tentados a extrair de uma experiência tão sumária quanto insuficiente.

---

[2] Em resposta a uma observação do Sr. Jacob. (N. do E.)

Feitas essas observações, passo ao fundo da questão que me foi feita pelo Sr. Jacob.

Sim, certamente insisto em conservar o caráter sagrado da moral, e o faço não porque ele me pareça corresponder a tal ou qual aspiração que partilho, ou que aprovo, mas porque é um dado que encontro nos fatos. Uma vez que a moral aparece por toda parte, na história, marcada de religiosidade, é impossível que se despoje totalmente desse caráter; de outra forma, a moral deixaria de ser ela mesma. Um fato não pode perder um de seus atributos essenciais sem mudar de natureza. A moral não seria mais moral se nada mais tivesse de religioso. Da mesma forma, o horror inspirado pelo crime é comparável em tudo ao que o sacrilégio inspira nos fiéis; e o respeito que nos inspira a pessoa humana é bem difícil de distinguir, a não ser em nuanças, do respeito que o fiel de todas as religiões tem pelas coisas que vê como sagradas. A única coisa é que creio que esse sagrado possa ser expresso, e *me esforço* em fazer isso, em termos laicos. E aí está, em suma, o traço distintivo da minha atitude. Em lugar de negligenciar e de negar, como os utilitaristas, o que existe de religioso na moral, em vez de hipostasiar essa religiosidade em um ser transcendente, como faz a teologia espiritualista, eu me obrigo a traduzi-la em uma linguagem racional, sem retirar dela, entretanto, nenhuma de suas características específicas. O Sr. Jacob pode perceber que, desse ponto de vista, escapo da objeção que me faz, já que, diante do sagrado, cuja existência afirmo, meu pensamento laico guarda toda a sua independência.

Mas essa empreitada é possível? Será que ela não é, como o Sr. Jacob parece acreditar, uma contradição em termos?

Para responder a essa questão, é necessário determinar um pouco mais claramente a noção de sagrado; não que eu pense em dar assim, de passagem, uma definição rigorosa. Mas é possível, facilmente, fixar-lhe algumas características que me permitirão explicá-la.

Antes de tudo, tenho o cuidado de observar que o Sr. Jacob parece ter identificado a noção do sagrado com a idéia de obrigação, com o imperativo categórico. Haveria muito a dizer acerca dessa identificação. É preciso que a noção de imperativo seja a verdadeira característica do que a moral tem de religioso. Ao contrário, porém, poderíamos mostrar que, quanto mais uma moral é essencialmente religiosa, mais a idéia de obrigação é apagada. Com muita freqüência, a sanção que é associada à violação dos preceitos rituais é completamente análoga à que é associada à das regras da higiene. O imprudente que se expõe a um contato suspeito contrai uma doença que resulta analiticamente desse contato. Da mesma forma, o profano que toca indevidamente uma coisa sagrada desencadeia sobre si mesmo uma força temerosa que determina em seu corpo a doença e a morte. Existe uma profilaxia religiosa que lembra em mais de um ponto a profilaxia médica. Não é, portanto, por seu aspecto obrigatório que a moral se aproxima mais da religião.

O sagrado é essencialmente, como eu já disse em outra comunicação, o que é *posto à parte*, o que está *separado*. O que o caracteriza é que ele não pode, sem deixar de ser ele mesmo, ser misturado com o profano. Qualquer mistura, ou mesmo qualquer contato tem por efeito *profaná-lo*, isto é, retirar-lhe seus atributos constitutivos. Mas essa separação não põe num mesmo plano as duas ordens de coisas separadas; o que atesta a solução de continuidade que existe entre o sagrado e o profano é que não existe entre eles medida comum, é que são radicalmente heterogêneos, incomensuráveis, é que o valor do sagrado não pode ser comparado com o do profano.

Sendo assim, por que não existiriam valores laicos incomensuráveis? Se eles existem, são sagrados. Eis em que a moral pode ter alguma coisa de religioso.

Todavia, que as coisas morais correspondam a essa definição, que sejam incomensuráveis às outras coisas da natureza, é o que não me parece contestável. É um fato. A consciência pública não admite, jamais admitiu que alguém possa legitimamente faltar a um dever por razões puramente utilitárias; ou melhor, se lhe ocorre de se rebaixar a essa tolerância, é com a condição de encobrir de si mesma, em meio a alguma casuística, a contradição que comete. Eis como existe o sagrado em moral. Mas, diante desse caráter sagrado, a razão não tem de forma alguma de abdicar de seus direitos. É legítimo investigar como acontece associarmos esse caráter a certos objetos ou a certos atos; disso resulta que existe um mundo separado e à parte, um mundo de representações *sui generis*, ao qual, no real, correspondem essas representações. Foi justamente a essa questão que eu tentei responder. Podemos mesmo ir mais longe e questionar se tais coisas, tais maneiras de agir que apresentam hoje esse caráter não o possuem indevidamente, por uma questão de sobrevivência, pelo efeito de circunstâncias anormais; e também se, ao contrário, outras coisas, privadas atualmente desse caráter, não estão, por analogia, destinadas a adquiri-lo, etc. A razão preserva, portanto, toda a sua liberdade, ao mesmo tempo em que vê na realidade moral alguma coisa de sagrado, que estabelece uma solução de continuidade entre a moral e as técnicas econômicas, industriais, etc., com as quais o utilitarismo corrente tende a se confundir...

A ciência de que falo não é a sociologia de maneira geral, e não quero também dizer que, das pesquisas sobre as estruturas das sociedades, sua organização econômica, política, etc., possam ser deduzidas aplicações morais. A única ciência que pode fornecer os meios de proceder a tais julgamentos sobre as coisas morais é a ciência específica dos fatos morais. Para apreciar a moral, é preciso que partamos de dados emprestados da realidade moral, tanto do presente quanto do passado. Seguramente, essa ciência dos fatos morais é, disso estou convencido, uma ciência sociológica, mas um ramo muito particular da sociologia. O caráter *sui generis* que reconheci à moral não nos permite entender que ela possa ser deduzida do que ela não é. Certamente, os fatos morais têm relação com os outros fatos sociais, e não poderia ser o caso de abstraí-los; mas os fatos morais formam, na vida social, uma esfera distinta, e as especulações práticas ligadas a essa esfera só podem ser inferidas de especulações teóricas igualmente ligadas a essa mesma ordem de fatos.

Tendo o Sr. Brunschvicg proposto definir que o progresso da civilização consiste em permitir "às liberdades individuais exercer mais e mais amplamente seu direito de 'reparação' da estrutura material das sociedades", o Sr. Durkheim responde:

Essa expressão, *reparação*, parece-me muito inexata; não se trata de uma reparação, mas de uma conquista feita graças à sociedade. Esses direitos e essas liberdades não são coisas inerentes à natureza do indivíduo como tal. Analisem a constituição empírica do homem e não encontrarão nada desse caráter sagrado de que ele está atualmente investido e que lhe confere direitos. Esse caráter lhe foi sobreposto pela sociedade. Foi ela que consagrou o indivíduo; é ela que o torna a coisa respeitável por excelência. A emancipação progressiva do indivíduo não implica, portanto, um enfraquecimento, mas uma transformação do liame social. O indivíduo não é arrancado da sociedade; ele se reata a ela de uma maneira diferente de outrora, e isso porque ela o concebe e o quer de uma maneira diferente de como o concebera outrora.

O indivíduo se submete à sociedade, e essa submissão é a condição de sua libertação. Libertar-se, para o homem, é se emancipar das forças físicas, cegas, ininteligentes; mas ele só pode chegar a isso opondo a essas forças uma grande potência inteligente, que lhe serve como abrigo: é a sociedade. Ao se posicionar à sua sombra, ele se põe, numa certa medida, sob sua dependência; mas essa dependência é libertadora. Não existe contradição nisso.

IV. A autoridade moral da coletividade[3]

Eu não disse que a autoridade moral da sociedade lhe vem de seu papel de legisladora moral, o que seria absurdo. Eu disse exatamente o contrário, a saber, que a sociedade está qualificada para desempenhar esse papel de legisladora por estar investida, aos nossos olhos, de uma autoridade moral bem fundamentada. O termo autoridade moral se opõe ao de autoridade material, de supremacia física. Uma autoridade moral é uma realidade psíquica, uma consciência, mas mais alta e mais rica que a nossa, e da qual sentimos que a nossa depende. Mostrei como a sociedade apresenta essa característica por ser a fonte e o lugar de todos os bens intelectuais que constituem a civilização. É da sociedade que nos vem todo o essencial de nossa vida mental. Nossa razão individual é e vale o que vale essa razão coletiva e impessoal que é a ciência, que é uma coisa social por excelência tanto pela maneira pela qual se faz quanto pela maneira pela qual se conserva. Nossas faculdades estéticas, a sutileza de nosso gosto dependem do que é a arte, coisa social da mesma maneira. É à sociedade que devemos nosso império sobre as coisas, que faz parte de nossa grandeza. É ela que nos emancipa da natureza. Não é natural, assim, que no-la representemos como um ser psíquico superior ao que somos e do qual emanamos? Por conseguinte, fica explicado por que, quando a sociedade reclama de nós esses sacrifícios pequenos ou grandes que formam a trama da vida moral, nós nos inclinamos diante dela com deferência.

O crente se inclina perante Deus, porque é a Deus que ele crê dever seu ser, e particularmente seu ser mental, sua alma. Nós temos as mesmas razões para experimentar esse sentimento pela coletividade.

Eu não sei o que é uma perfeição ideal e absoluta, e não

[3] Em resposta a uma observação do Sr. Malapert. (N. do E.)

lhes solicito, portanto, que concebam a sociedade como idealmente perfeita. Não lhe atribuo nem mesmo uma perfeição relativamente maior que a nossa; tudo isso está fora de questão. Ela tem seus defeitos, mas também suas grandezas. Para amá-la e respeitá-la, não é necessário que no-la representemos de uma maneira diferente. Se só pudéssemos amar e respeitar o que é *idealmente perfeito*, supondo que essa expressão tenha um sentido definido, o próprio Deus não poderia ser o objeto de tal sentimento; afinal, é dele que vem o mundo, e o mundo está cheio de imperfeição e horror.

É verdade que costumamos falar bastante desdenhosamente da sociedade. Não vemos nela nada além do governo burguês, com a tropa que o protege. É passar ao lado da mais rica e complexa realidade moral que nos é dado observar empiricamente, sem sequer percebê-la.

É certo que, no que concerne a nossa consciência moral atual, a moralidade plena, inteira, tão completa quanto podemos concebê-la, supõe que, no momento em que nos conformamos a uma regra moral, não somente queremos nos conformar a ela, mas, ainda, queremos a própria regra em si, o que só é possível se percebemos as razões que justificam a regra, e se as julgamos fundadas. A única coisa é que precisamos reconhecer que existe aí um limite ideal do qual, de fato, estamos infinitamente distanciados, qualquer que seja a concepção que tenhamos da moral. Nós ignoramos atualmente — e essa confissão de ignorância valeria muito mais em nossas salas de aula que as explicações simplistas e freqüentemente pueris com as quais costumamos sempre frustrar a curiosidade das crianças —, nós ignoramos inteiramente, não digo apenas as causas históricas, mas as razões teleológicas que justificam atualmente a maior parte de nossas instituições morais. Quando saímos das discussões abstratas em que se demoram com muita freqüência as teorias da moral, como não sentir que é impossível compreender o porquê da família, do casamento, do direito de propriedade, etc., seja sob suas formas atuais, seja sob as formas novas que essas instituições são chamadas a tomar, sem levar em conta todo esse ambiente social cujo estudo quase nem começou? Portanto, acerca desse ponto, todas as escolas estão sob a mesma insígnia. Existe aí um *desideratum* da consciência moral, que estou longe de negligenciar, mas que todos nós, sem exceção de ninguém, estamos sem condições de satisfazer presentemente, ao menos de uma maneira um pouco pertinente. O método que emprego não me põe de forma alguma, a esse respeito, numa posição de inferioridade, a menos que consideremos ser uma vantagem fechar os olhos diante das dificuldades do problema. Acredito mesmo que só esse método permite resolvê-lo progressivamente.

V. A filosofia e os fatos morais[4]

O Sr. Weber apresenta, em síntese, duas questões: 1ª Por que refuto as teorias dos filósofos; 2ª Onde vou buscar os fatos morais cujo estudo pretendo empreender. Começo por responder à primeira questão.

A comparação que o Sr. Weber faz entre a filosofia moralista, de um lado, e o físico e o astrônomo, de outro, comparação em que se baseia toda a sua argumentação, me parece completamente equivocada. Sem dúvida, se eu quisesse saber das coisas da astronomia, seria a um astrônomo, e não ao vulgar ignorante, que eu me dirigiria. Mas isso porque a astronomia é uma ciência cujo papel, cuja razão toda de ser é exprimir adequadamente, objetivamente, a realidade astronômica. Bem diferente é o objeto que perseguiu por todos os tempos a especulação moral dos filósofos. Jamais essa especulação moral assumiu como objetivo traduzir fielmente, sem nada acrescentar nem retirar, uma realidade moral determinada. A ambição dos filósofos sempre foi, antes, construir

[4] Em resposta a uma observação do Sr. Weber. (N. do E.)

uma moral nova, diferente, às vezes em pontos essenciais, daquela que seguiam seus contemporâneos ou que tinham seguido seus predecessores. Os filósofos foram, antes, revolucionários e iconoclastas. Todavia, o problema que me coloco é saber em que consiste ou consistiu a moral, não como a concebe ou a concebeu determinada individualidade filosófica, mas como ela foi vivida pelas coletividades humanas. Desse ponto de vista, as doutrinas dos filósofos perdem muito de seu valor.

Se a *física dos costumes e do direito*, tal como tentamos realizá-la, estivesse suficientemente avançada, ela poderia desempenhar, em relação aos fatos morais, o mesmo papel desempenhado pela astronomia em relação às coisas astronômicas; e a ela seria conveniente nos dirigirmos para saber o que a vida moral é. Mas essa ciência da moral está somente em via de nascer, e as teorias dos filósofos ocupam nela um espaço tão pequeno, estão tão longe de perseguir o mesmo objeto, que se opõem, ao contrário, com uma espécie de unanimidade, a essa maneira de compreender e tratar os fatos morais. Essas teorias não podem, portanto, prestar o mesmo serviço.

No entanto, se enganaria quem acreditasse que eu as excluo sistematicamente; nego-lhes somente essa espécie de prerrogativa e de primazia que tão freqüentemente lhes tem sido concedida. Elas também são fatos, e instrutivos; elas também nos informam sobre o que se passa na consciência moral de uma época; devemos, portanto, levá-las em conta. O que me recuso a admitir é que as teorias dos filósofos exprimam de uma maneira particularmente eminente a verdade moral, como a física ou a química exprimem a verdade dos fatos de ordem físico-química.

Essa oposição que o Sr. Weber estabelece entre o fato moral e o fato religioso me parece inadmissível. Não existe sequer um rito, por material que seja, que não esteja acompanhado de algum sistema, mais ou menos bem organizado, de representações destinadas a explicá-lo, a justificá-lo; afinal, o homem tem necessidade de compreender o que faz, às vezes se contentando com o mínimo. Essa é freqüentemente a razão de ser dos mitos. Se, portanto, o Sr. Weber admite que o fato religioso pode ser alcançado fora das teorias que tentam explicá-lo, por que seria diferente com o fato moral?

Por outro lado, não penso que o Sr. Weber pudesse sonhar em negar que existe e que sempre existiu uma realidade moral fora das consciências dos filósofos que buscam exprimi-la. Essa moral, todos nós a praticamos, freqüentemente sem nos ocuparmos das razões que os filósofos dão para justificá-la. A prova disso está no embaraço em que muitas vezes nos veríamos se alguém nos pedisse uma justificação sólida e racional das regras morais que observamos.

Resta saber como, por quais procedimentos, é possível alcançar essa realidade moral. É uma questão certamente delicada, mas que não tem nada de insolúvel. Existe antes de qualquer coisa um número considerável de idéias e de máximas que são facilmente acessíveis: são as que tomaram uma forma escrita, que foram condensadas em fórmulas jurídicas. No direito, a maior parte da moral doméstica, da moral contratual, da moral das obrigações e todas as idéias relativas aos grandes deveres fundamentais vêm a se traduzir e se refletir. Existe aí, já, uma ampla matéria para observações suficiente, e por muito tempo, às nossas ambições científicas. Quando tivermos preparado melhor esse terreno, ainda pouco explorado, passaremos a um outro. Eu não contesto, por outro lado, que existam deveres e idéias morais que não se inscrevam na lei; mas nós podemos alcançá-las por outros meios. Os provérbios, as máximas populares, os usos não codificados são igualmente fontes de informação. As obras literárias, as concepções dos filósofos e dos moralistas (vê o Sr. Weber que eu não os excluo) nos esclarecem a respeito de aspirações que estão somente em via de serem investigadas, e nos permitem mergulhar ainda mais fundo na análise da consciência humana, até as profundezas em que se elaboram as correntes obscuras e ainda imperfeitamente conscientes de si mesmas. Sem dúvida, tais procedimentos poderão ser considerados um pouco pesados, procedimentos que não alcançam todos os detalhes e todas as nuanças da realidade moral; mas toda ciência é assim, quando começa. É preciso, em primeiro lugar, abrir um pouco a golpes de machado algumas largas avenidas que tragam alguma luz para esta floresta virgem dos fatos morais e, mais amplamente, dos fatos sociais.

VI. A representação subjetiva da moral[5]

Desde o início, eu dizia que seria preciso distinguir dois aspectos igualmente verdadeiros da moralidade:

1º De um lado, a moral objetiva, que consiste em um conjunto de regras e forma a moral do grupo;

2º De outro, a maneira, totalmente subjetiva, pela qual cada consciência individual representa essa moral para si.

Com efeito, embora exista uma moral do grupo, comum a todos os homens que o compõem, cada homem possui sua moral: mesmo onde o conformismo é mais completo, cada indivíduo elabora para si, em parte, a sua moral. Existe em cada um de nós uma vida moral interior, e não há consciência moral individual que traduza exatamente a consciência moral comum, que não lhe seja parcialmente inadequada. Desse ponto de vista, como já indiquei, cada um de nós é imoral em certos aspectos. Estou, portanto, longe de negar a existência dessa vida moral interior; nem também chego a contestar que ela possa ser estudada com sucesso; mas esse campo de estudos está fora de nossas investigações; deixo-o voluntariamente de lado, ao menos para o momento.

É a vida moral interior, entretanto, que o Sr. Rauh acaba de abordar, e a partir da observação de algumas consciências morais individuais ele chega a uma conclusão que me parece

---

[5] Em resposta a uma observação do Sr. Rauh. (N. do E.)

bem contestável. Ele parte do seguinte fato: ao observar a maneira como agem certos indivíduos (os estudiosos, os artistas), o Sr. Rauh constata que eles consideram alguns dos deveres a que obedecem como absolutamente extra-sociais. Disso, o Sr. Rauh conclui que existem realmente deveres independentes da vida coletiva, que nasceriam diretamente das relações do homem com o mundo. Mas, antes de qualquer coisa, não vejo por que o Sr. Rauh empresta seus exemplos do meio específico dos estudiosos e dos artistas. Na realidade, essa maneira de ver é a mais geral. Existe somente um pequeno número de indivíduos que sentem que seus deveres são de origem social. A maior parte faz deles uma representação bem diferente, e daí vêm as resistências que encontra a idéia que acabei de expor.

Resta agora saber se essa representação não é uma ilusão. O Sr. Rauh procurou demonstrar que uma explicação sociológica desses deveres é impossível. Não discutirei em detalhe essa demonstração, porque ela me parece ir contra o princípio bem conhecido de que não existe experiência negativa. Admito que seja possível provar que uma explicação proposta está equivocada. Mas dificilmente admitiria que possamos assim impedir um fim de receber *a priori* uma explicação que não está dada, e declarar que esta é impossível sob qualquer forma.

CAPÍTULO 4

Juízos de valor e juízos de realidade*

Ao submeter ao Congresso este tema de discussão, eu me propus um duplo objetivo: primeiramente, mostrar, a partir de um exemplo particular, como a sociologia pode ajudar a resolver um problema filosófico; em seguida, dissipar alguns dos preconceitos de que a sociologia, dita positiva, é objeto tão freqüentemente.

Quando dizemos que os corpos são pesados, que o volume dos gases varia na razão inversa da pressão que eles sofrem, formulamos juízos que se limitam a exprimir fatos dados. Eles enunciam o que existe e, por essa razão, são chamados juízos de existência ou de realidade.

Outros juízos têm como objeto dizer não o que são as coisas, mas o que elas valem em relação a um sujeito consciente, o preço que esse último lhes atribui: damos a isso o nome de juízos de valor. Por vezes essa denominação é estendida a todo

---

* Comunicação feita no Congresso Internacional de Filosofia de Bolonha, na sessão geral de 6 de abril, publicada num número excepcional da *Revue de Métaphysique et de Morale* de 3 de julho de 1911. (Nota dos Editores de 1924)

juízo que enuncia uma apreciação, qualquer que possa ser ela. Mas essa extensão pode dar espaço a confusões que é importante prevenir.

Quando eu digo: adoro caçar, prefiro a cerveja ao vinho, a vida ativa ao repouso, etc., emito juízos que podem parecer exprimir apreciações, mas que são, no fundo, simples juízos de realidade. Eles dizem unicamente de que maneira nos comportamos diante de certos objetos: que gostamos deste, que preferimos aquele. Essas preferências são fatos, tal como o peso do corpo ou a elasticidade do gás. Semelhantes juízos não têm, portanto, como função atribuir às coisas um valor que lhes pertença, mas somente afirmar estados determinados do sujeito. Quanto às predileções que são dessa forma expressas, elas também são incomunicáveis. Aqueles que as experimentam bem podem dizer que as experimentam ou, pelo menos, que crêem experimentá-las; mas eles não podem transmiti-las a outrem. Elas dependem de suas pessoas, e destas não podem ser desligadas.

Acontece de modo totalmente diferente quando eu digo: esse homem possui um grande valor moral; essa mesa tem um grande valor estético; essa jóia vale muito. Em todos esses casos, atribuo aos seres e às coisas em questão um caráter objetivo, totalmente independente da maneira pela qual o sinto no momento em que me manifesto. Pessoalmente, posso não atribuir às jóias preço algum; seu valor não fica menor que o que elas têm no momento em que as considero. Eu posso, como homem, possuir senão uma medíocre moralidade; isso não me impede de reconhecer o valor moral onde ele existe. Posso ser, por temperamento, pouco sensível às alegrias da arte; isso não é razão para que eu negue que existam valores estéticos. Todos esses valores existem, portanto, em certo sentido, fora de mim. Mesmo quando não concordamos com outrem sobre a maneira de concebê-los e estimá-los, tentamos lhe comunicar nossas convicções. Não nos contentamos em afirmá-las; buscamos demonstrá-las, oferecendo, apoiados em nossas afirmações, razões de ordem impessoal. Nós implicitamente admitimos, portanto, que esses juízos correspondem a alguma realidade objetiva em torno da qual o entendimento pode e deve ser feito. São essas realidades *sui generis* que constituem valores, e os juízos de valor são os que se relacionam com essas realidades.

Gostaríamos de investigar como essas espécies de juízos são possíveis. Vemos, pelo que precede, como se coloca a questão. Por um lado, todo valor supõe a apreciação de um sujeito, em relação definida com uma sensibilidade determinada. O que tem valor é bom de alguma maneira; o que é bom é desejável; todo desejo é um estado interior. Por outro lado, no entanto, os valores que acabam de entrar em questão têm a mesma objetividade que as coisas. Como essas duas características, que, à primeira vista, parecem contraditórias, podem se conciliar? Como um estado de sentimento pode ser independente do sujeito que o experimenta?

Duas soluções contrárias foram dadas a esse problema.

I

Para vários pensadores, recrutados, por sinal, dos meios mais heterogêneos, a diferença entre essas duas espécies de juízo é puramente aparente. O valor, dizem, depende essencialmente de alguma característica constitutiva da coisa a que ele é atribuído, e o juízo de valor nada mais fará que exprimir a maneira pela qual essa característica age sobre o sujeito que julga. Se essa ação é favorável, o valor é positivo; ele é negativo, no caso contrário. Se a vida tem valor para o homem, é porque o homem é um ser vivo e é da natureza do vivo viver. Se o trigo tem valor, é porque ele serve para a alimentação e preserva a vida. Se a justiça é uma virtude, é porque ela corresponde às necessidades vitais; o homicídio é um crime pela razão oposta. Em suma, o valor de uma coisa seria simplesmente a constatação dos efeitos que ela produz em razão de suas propriedades intrínsecas.

Mas qual é o sujeito com relação ao qual o valor das coisas é e deve ser estimado?

Será o indivíduo? Como explicar então que possa existir um sistema de valores objetivos, reconhecido por todos os homens, ao menos por todos os homens de uma civilização? Desse ponto de vista, o que forma o valor é o efeito da coisa sobre a sensibilidade: todavia, sabemos como é grande a diversidade das sensibilidades individuais. O que agrada a uns repugna a outros. A própria vida não é querida por todos, já que existem homens que dela se desfazem, seja por desgosto, seja por dever. Sobretudo, que desacordo na maneira de compreendê-la! Este a quer intensa; aquele se alegra em reduzi-la e simplificá-la. Essa objeção já foi feita demasiadas vezes às morais utilitárias para que houvesse como desenvolvê-la; observamos apenas que ela se aplica igualmente a qualquer teoria que pretenda explicar, por causas puramente psicológicas, os valores econômicos, estéticos ou especulativos. Alguém poderá dizer que existe um tipo médio que se encontra na maioria dos indivíduos, e que a apreciação objetiva das coisas exprime a maneira pela qual elas agem sobre o indivíduo médio? Mas a distância é enorme entre a maneira pela qual os valores são, de fato, apreciados pelo indivíduo ordinário e essa escala objetiva dos valores humanos a partir da qual devem, em princípio, se regular nossos juízos. A consciência moral média é medíocre; ela sente apenas ligeiramente mesmo os deveres correntes e, por conseguinte, os valores morais correspondentes; o mesmo vale para os valores diante dos quais ela é atingida por uma espécie de cegueira. Não é ela, portanto, que pode nos fornecer o padrão da moralidade. Com mais forte razão, ocorre o mesmo com os valores estéticos, que são letra morta para a grande maioria. No que diz respeito aos valores econômicos, a distância, em certos casos, talvez seja menos considerável. Entretanto, não é evidentemente a maneira pela qual as propriedades físicas do diamante ou da pérola agem sobre a generalidade de nossos contemporâneos que pode servir para determinar seu valor atual.

Existe, por outro lado, uma outra razão a não permitir que se confunda a apreciação objetiva com a apreciação média: é que as reações do indivíduo médio resultam das reações individuais. Não é pelo fato de um estado se encontrar em um grande número de sujeitos que ele é objetivo. Se alguns de nós apreciam uma coisa da mesma maneira, não resulta daí que essa apreciação nos seja imposta por alguma realidade exterior. Essa correspondência pode ser devida a causas totalmente subjetivas, notadamente a uma homogeneidade suficiente dos temperamentos individuais. Entre estas duas proposições: *Eu gosto disto* e *Nós somos um certo grupo que gosta disto*, não existe uma diferença essencial.

Há quem acredite poder escapar dessas dificuldades ao substituir o indivíduo pela sociedade. Exatamente como na tese precedente, afirmam que o valor depende essencialmente de algum elemento integrante da coisa. Mas é a maneira pela qual a coisa afetaria o sujeito coletivo, e não mais o sujeito individual, que constituiria seu valor. A apreciação seria objetiva unicamente porque seria coletiva.

Essa explicação tem sobre a anterior vantagens incontestáveis. Com efeito, o juízo social é objetivo em relação aos juízos individuais; a escala dos valores se encontra assim afastada das apreciações subjetivas e variáveis dos indivíduos: estes encontram fora de si uma classificação já estabelecida, que não é obra sua, que exprime uma coisa bem diferente de seus sentimentos pessoais e com a qual são levados a se conformar. Afinal, a opinião pública recebe de suas origens uma autoridade moral, em virtude da qual se impõe aos particulares. Ela resiste aos esforços que são feitos para violentá-la; reage contra os dissidentes, exatamente como o mundo exterior reage dolorosamente contra os que tentam se rebelar contra ele. Ela censura aqueles que julgam as coisas morais segundo princípios diferentes dos que ela prescreve; ela ridiculariza aqueles que se inspiram em uma estética diferente da sua. Quem quer que tente obter uma coisa por um preço inferior ao seu valor arrisca-se a resistências comparáveis àquelas que nos opõem os corpos quando desconhecemos sua natureza. Podemos explicar assim a espécie de necessidade que experimentamos, e de que temos consciência quando emitimos juízos de valores. Nós bem sentimos que não somos senhores de nossas apreciações; que estamos ligados e obrigados. É a consciência pública que nos associa. É verdade que esse aspecto dos juízos de valores não é o único; existe um outro, que é quase oposto ao primeiro. Esses mesmos valores, que, de certa maneira, nos tornam o efeito de realidades que se impõem a nós, nos aparecem ao mesmo tempo como coisas desejáveis, de que gostamos e que queremos espontaneamente. Mas isso se dá porque a sociedade, ao mesmo tempo em que é a legisladora à qual devemos respeito, é a criadora e depositária de todos os bens da civilização, aos quais estamos ligados com todas as forças de nossa alma. Ela é boa e beneficente, ao mesmo tempo em que é imperativa. Tudo o que aumenta a sua vitalidade engrandece a nossa. Não surpreende, portanto, que dependamos de tudo aquilo de que ela depende.

Mas, assim compreendida, uma teoria sociológica dos valores levanta por seu turno graves dificuldades, que, por outro lado, não são específicas dela; afinal, elas podem ser igualmente objetadas à teoria psicológica, anteriormente em questão.

Existem tipos diferentes de valores. Uma coisa é o valor econômico, outra os valores morais, religiosos, estéticos, especulativos. As tentativas tão freqüentemente feitas visando reduzir umas às outras as idéias de bem, de belo, de verdadeiro e de útil sempre resultaram vãs. Todavia, se o que constitui o valor é unicamente a maneira pela qual as coisas afetam o funcionamento da vida social, a diversidade dos valores dificilmente pode ser explicada. Se é a mesma causa que atua por toda parte, de onde vem que os efeitos são especificamente diferentes?

Por outro lado, se o valor das coisas realmente fosse medido pelo grau de sua utilidade social (ou individual), o sistema de valores humanos teria de ser revisto e remexido de cima a baixo; afinal, o lugar aí concedido aos valores de luxo seria, desse ponto de vista, incompreensível e injustificável. Por definição, o que é supérfluo não é ou é menos útil que o necessário. O que é suplementar pode faltar sem prejudicar gravemente as funções vitais. Numa palavra, os valores de luxo são dispendiosos por natureza; eles custam mais do que rendem. Assim, há doutrinadores que os vêem sob um olhar desconfiado e que se esforçam em reduzi-los ao espaço que lhes é devido. Mas, de fato, não é que eles tenham maior preço aos olhos dos homens. A arte em sua totalidade é artigo de luxo; a atividade estética não se subordina a nenhum fim; ela se manifesta unicamente pelo prazer de se manifestar. Da mesma maneira, a pura especulação é o pensamento livre de qualquer fim utilitário, exercido unicamente pelo objetivo de se exercer. Quem pode contestar, entretanto, que, desde sempre, a humanidade pôs os valores artísticos e especulativos bem acima dos valores econômicos? Exatamente como a vida intelectual, a vida moral tem um senso estético que lhe é próprio. As virtudes mais altas não consistem no cumprimento regular e estrito dos atos mais imediatamente necessários à boa ordem social; elas são feitas de movimentos livres e espontâneos, de sacrifícios de que ninguém necessita e que por vezes chegam a ser contrários aos preceitos de uma economia prudente. Há virtudes que são loucuras, e é sua loucura que faz sua grandeza. Spencer pôde demonstrar que a filantropia é freqüentemente contrária ao interesse bem compreendido da sociedade; sua demonstração não impedirá os homens de situar bem alto em sua estima a virtude que ele condena. A própria vida econômica não se restringe estritamente à regra da economia. Se os artigos de luxo são aqueles que custam mais caro, não é somente porque em geral eles são os mais raros; é também porque eles são os mais apreciados. É que a vida, tal como a têm concebido os homens de todos os tempos, não consiste simplesmente em estabelecer com exatidão o orçamento do organismo individual ou social, a responder, com o menor custo possível, aos estímulos vindos do exterior, para tornar as despesas bem proporcionais às compensações. Viver é, antes de tudo, agir, agir sem calcular, pelo prazer de agir. E se, evidentemente, não podemos passar sem economia, se precisamos acumular para poder gastar, todavia a despesa é que é o objetivo; e a despesa é a ação.

Mas vamos mais longe e remontemos ao princípio fundamental em que se baseiam todas essas teorias. Todas supõem igualmente que o valor está nas coisas e exprime sua natureza. Todavia, esse postulado é contrário aos fatos. Há diversos casos nos quais não existe, por assim dizer, nenhuma relação entre as propriedades do objeto e as do valor que lhe é atribuído.

Um ídolo é uma coisa muito sagrada, e a sacralidade é o valor mais elevado que os homens jamais reconheceram. Todavia, um ídolo, freqüentemente, nada mais é que um amontoado de pedras ou uma peça de madeira que, por si mesma, é despojada de qualquer espécie de valor. Não existe ser, por modesto que seja, não existe objeto vulgar que, em um dado momento da história, não tenha inspirado sentimentos de respeito religioso. Os homens adoraram os animais mais inúteis ou mais inofensivos, os mais pobres, por motivos de todos os tipos. A concepção corrente segundo a qual as coisas às quais se presta culto sempre foram aquelas que mais alcançavam a imaginação dos homens é contestada pela história. O valor incomparável que lhe era atribuído não dependia de suas características intrínsecas. Não existe fé um pouco viva, por mais laica que seja, que não tenha seus fetiches, nos quais se manifesta a mesma desproporção. Uma bandeira nada mais é que um pedaço de tecido; o soldado, entretanto, se dispõe a morrer para salvar sua bandeira. A vida moral não é menos rica em contrastes desse gênero. Entre o homem e o animal não há, do ponto de vista anatômico, fisiológico e psicológico, senão diferenças de grau; entretanto, o homem possui uma eminente dignidade moral, e o animal não possui nenhuma. Do ponto de vista dos valores, há, portanto, um abismo entre eles. Os homens são tão desiguais em força física como em talento; entretanto, tendemos a reconhecer em todos um igual valor moral. Sem dúvida, o igualitarismo moral é um limite ideal que jamais será atingido, mas dele nos aproximaremos cada vez mais. Um selo postal nada mais é que um minúsculo quadrado de papel desprovido, quase sempre, de qualquer caráter artístico, mas pode, apesar disso, valer uma fortuna. Não é evidentemente a natureza interna da pérola ou do diamante, das peles ou das rendas que faz que o valor desses diferentes objetos de adorno varie com os caprichos da moda.

II

Mas, se o valor não está nas coisas, se não depende essencialmente de alguma característica da realidade empírica, não resulta daí que tem como fonte algo fora do dado e da experiência? Tal é, com efeito, a tese sustentada, mais ou menos explicitamente, por toda uma linha de pensadores cuja doutrina, para além de Ritschl, remonta ao moralismo kantiano. Esses pensadores estão de acordo em torno da idéia de que o homem possui uma faculdade *sui generis* de transcender a experiência, de representar para si algo diferente daquilo que existe; numa palavra, de fixar ideais. Essa faculdade representativa é concebida ora sob uma forma mais intelectualista, ora mais sentimental, mas sempre como claramente distinta da que a ciência concretiza. Existiria, portanto, uma maneira de pensar o real e outra, bem diferente, de pensar o ideal; e é em relação aos ideais assim fixados que seria estimado o valor das coisas. Dizem esses pensadores que elas têm valor quando exprimem, refletem, de uma maneira qualquer, um aspecto do ideal, e que têm mais ou menos valor dependendo do ideal que encarnam e dependendo do que guardam dele.

Assim, ao passo que, nas teorias precedentes, os juízos de valor nos foram apresentados com uma outra forma dos juízos de realidade, aqui, a heterogeneidade de uns e de outros é radical: os objetos em que se apóiam são tão diferentes como as faculdades que supõem. As objeções que fizemos à primeira explicação não teriam, portanto, como se aplicar a esta. Compreendemos sem dificuldade que o valor seja, em certa medida, independente da natureza das coisas, se ele depende de causas que são exteriores a estas últimas. Ao mesmo tempo, o lugar privilegiado que sempre foi reservado aos valores de luxo se torna fácil de justificar. É que o ideal não está a serviço do real; ele está ali para si mesmo; não são, portanto, os interesses da realidade que podem lhe servir de medida.

O único problema é que o valor que é assim atribuído ao ideal, mesmo que explique o resto, não explica a si mesmo. Ele é postulado, mas não é explicado, nem pode ser. Como, com efeito, isso seria possível? Se o ideal não depende do real, não haveria como existirem no real as causas e as condições que o tornam inteligível. Mas, fora do real, onde encontrar a matéria necessária para uma explicação qualquer? Existe, no fundo, algo de profundamente empirista num idealismo assim entendido. Sem dúvida, é um fato que os homens amam uma beleza, uma bondade, uma verdade que nunca se encontram realizadas de uma maneira adequada nos fatos. Mas mesmo isso nada mais é que um fato que se levanta, sem razão, numa espécie de absoluto para além do qual estamos proibidos de remontar. Ainda seria preciso explicar de onde vem o fato de termos, a um só tempo, a necessidade e os meios de ultrapassar o real, de acrescentar ao mundo sensível um mundo diferente, que os melhores de nós elegeram sua verdadeira pátria.

Para essa questão, a hipótese teológica traz uma aparência de resposta. Segundo ela, o mundo dos ideais é real, existe objetivamente, mas com uma existência supra-experimental, e a realidade empírica da qual fazemos parte vem dessa outra e dela depende. Estaríamos, portanto, atrelados ao ideal como à própria fonte da nossa vida. Mas, além das dificuldades conhecidas que essa concepção revela, quando hipostasiamos assim o ideal, de um só golpe ele é imobilizado e perdemos qualquer possibilidade de explicar sua infinita variabilidade.

Sabemos hoje que não somente o ideal varia segundo os grupos humanos, mas que deve variar; o ideal dos romanos não era o nosso e não devia ser o nosso, e a escala de valores muda paralelamente. Essas variações não são o produto da cegueira humana; elas estão fundadas na natureza das coisas. Como explicá-las, se o ideal exprimisse uma realidade una e incomensurável? Seria preciso, portanto, admitir que Deus, também ele, varia tanto no espaço como no tempo; e de que poderia depender essa surpreendente diversidade? O vir-a-ser divino somente seria inteligível se o próprio Deus tivesse como tarefa realizar um ideal que o transcende, e o problema teria, então, apenas mudado de lugar.

Com que direito, por outro lado, pomos o ideal fora da natureza da ciência? É na natureza que ele se manifesta; é igualmente preciso, portanto, que ele dependa de causas naturais. Para que o ideal seja coisa diferente de um simples possível, concebido pelos espíritos, é preciso que ele seja desejado e, por conseguinte, que tenha uma força capaz de mover nossas vontades. Só elas podem torná-lo uma realidade viva. Mas já que essa força vem finalmente se traduzir em movimentos musculares, ela não teria como diferir essencialmente das outras forças do universo. Por que, portanto, seria impossível analisá-la, reduzi-la a seus elementos, investigar as causas que determinaram a síntese de que ela é resultante? Chega a haver casos nos quais é impossível medi-la. Cada grupo humano, a cada momento de sua história, tem, pela dignidade humana, um sentimento de respeito de uma dada intensidade. É esse sentimento, variável segundo os povos e as épocas, que está na raiz do ideal moral das sociedades contemporâneas. Assim, conforme seja ele mais ou menos intenso, o número de atentados contra a pessoa é mais ou menos elevado. Da mesma maneira, o número de adultérios, de divórcios, de separações de corpos exprime a força relativa com que o ideal conjugal se impõe às consciências particulares. Sem dúvida, essas medidas são grosseiras; mas haverá forças físicas que possam ser medidas de uma maneira diferente da grosseiramente aproximativa? Desse ponto de vista, não pode existir entre umas e outras senão diferenças de grau.

Mas existe, sobretudo, uma ordem de valores que não teriam como ser separados da experiência sem perder todo o seu significado: são os valores econômicos. Todo o mundo sabe muito bem que eles não exprimem nada do além e não implicam nenhuma faculdade supra-experimental. É verdade que, por essa razão, Kant se recusa a ver neles valores verdadeiros: ele prefere reservar essa qualificação unicamente às coisas morais[1]. Mas essa exclusão é injustificada. Certamente, existem tipos diferentes de valores, mas são espécies de um mesmo gênero. Todas correspondem a uma apreciação das coisas, quaisquer que sejam os diferentes pontos de vista dos quais a apreciação é feita, em cada caso. O progresso que fez, nos tempos recentes, a teoria do valor está precisamente em ter estabelecido a unidade e a generalidade da noção. Mas, então, se todas as espécies de valor são patentes, e se algumas delas dependem tão estritamente de nossa vida empírica, as outras não poderiam ser dela independentes.

III

Em resumo, se é verdade que o valor das coisas não pode ser e jamais foi apreciado senão em relação a certas noções ideais, estas precisam ser explicadas. Para compreender como juízos de valor são possíveis, não é suficiente postular um certo número de ideais; é preciso explicá-los, é preciso demonstrar de onde eles vêm, como se conectam com a experiência enquanto a transcendem e em que consiste a sua objetividade.

---

[1] Ele diz que as coisas econômicas têm um preço (*einen Preis, einen Marktpreis*), não um valor interno (*einen inneren Werth*). V. ed. Hartenstein, tomo VII, pp. 270-271 e 614. (N. do A.)

Já que os ideais variam com os grupos humanos, assim como os sistemas de valores correspondentes, disso não resulta que tanto uns como os outros devam ter origem coletiva? É verdade que expusemos anteriormente uma teoria sociológica dos valores cuja insuficiência também mostramos; mas é que ela se baseava numa concepção da vida social que desconhecia sua natureza verdadeira. A sociedade nela era apresentada como um sistema de órgãos e funções que tende a se preservar contra as causas de destruição que o assaltam do exterior, como um corpo vivo cuja vida inteira consiste em responder de maneira apropriada às excitações vindas do meio externo. Todavia, de fato, a sociedade é, ainda, o domicílio de uma vida moral interna cuja existência e originalidade nem sempre foi reconhecida.

Quando as consciências individuais, em lugar de ficar separadas umas das outras, passam a manter relações estreitas e agem ativamente umas sobre as outras, deriva de sua síntese uma vida psíquica de um gênero novo. Ela se distingue em primeiro lugar da vida psíquica levada pelo indivíduo solitário por sua particular intensidade. Os sentimentos que nascem e se desenvolvem no interior dos grupos têm uma energia que os sentimentos meramente individuais não alcançam. O homem que os experimenta tem a impressão de estar dominado por forças que não reconhece como suas, que o comandam, das quais ele não é senhor, e todo o meio em que está imerso lhe parece atravessado por forças do mesmo gênero. Ele se sente como que transportado para um mundo diferente daquele em que se desenvolve sua existência privada. A vida aí não é somente intensa; ela é qualitativamente diferente. Envolvido pela coletividade, o indivíduo se desinteressa por si mesmo, se esquece de si mesmo, entrega-se inteiramente aos fins comuns. O pólo de sua conduta é deslocado e levado para fora dele. Ao mesmo tempo, as forças que são assim provocadas, precisamente porque são teóricas, não se deixam facilmente canalizar, compassar, ajustar a fins estritamente determinados; elas experimentam a necessidade de se manifestar por se manifestar, por jogo, sem objetivo, às vezes sob a forma de violências estupidamente destrutivas, outras vezes de loucuras heróicas. É uma atividade de luxo, em certo sentido sentido, porque é uma atividade muito rica. Por todas essas razões, ela se opõe à vida que levamos cotidianamente, como o superior se opõe ao inferior, o ideal à realidade.

Com efeito, foi em momentos de efervescência desse gênero que foram, em todas as épocas, constituídos os grandes ideais sobre os quais se fundamentam as civilizações. Os períodos criadores ou inovadores são precisamente aqueles em que, sob a influência de circunstâncias diversas, os homens são levados a se aproximar mais intimamente, em que as reuniões, as assembléias são mais freqüentes, as relações mais continuadas, as trocas de idéias mais ativas: é a grande crise cristã, é o movimento de entusiasmo coletivo que, nos séculos XII e XIII, arrasta para Paris a população de estudiosos da Europa e dá origem à escolástica, é a Reforma e a Renascença, é a época revolucionária, são as grandes agitações sociais do século XIX. Em tais momentos, é verdade, essa vida mais elevada é vivida com uma tal intensidade e de uma maneira tão exclusiva, que ocupa quase todo o espaço das consciências, expulsa mais ou menos completamente suas preocupações egoístas e vulgares. O ideal tende então a simplesmente identificar-se com o real; eis por que os homens têm a impressão de que estão bem próximos os tempos em que a própria realidade se tranformará e em que o reino de Deus se concretizará nesta terra. Mas a ilusão nunca é duradoura, pois essa mesma exaltação não pode durar: ela é fatigante demais. Uma vez passado o momento crítico, a trama social se interrompe, o comércio intelectual e sentimental se reduz, os indivíduos retornam a seu nível ordinário. Então, tudo o que foi dito, feito, pensado, sentido durante o período da tormenta fecunda serve somente sob a forma de lembrança, de lembrança prodigiosa, sem dúvida, exatamente como a realidade que ela relembra, mas com a qual deixou de se confundir. Não é mais que uma idéia, um conjunto de idéias. Desta vez, a oposição está dividida. Existe, por um lado, o que está dado nas sensações e nas percepções e, por outro, o que é pensado sob forma de ideais. Certamente, esses ideais se debilitariam depressa, se não fossem periodicamente revivificados. Eis para que servem as festas, as cerimônias públicas, ou religiosas, ou laicas, as prédicas de toda espécie, as da Igreja ou as da escola, as representações dramáticas, as manifestações artísticas, numa palavra, tudo o que pode aproximar os homens e fazê-los comungar de uma mesma vida intelectual e moral. São como renascenças parciais e frágeis da efervescência das épocas criadoras. Mas todos esses meios não têm em si mesmos senão uma ação temporária. Durante algum tempo, o ideal retoma o frescor e a vida da atualidade, aproxima-se novamente do real, mas não demora a se diferenciar dele outra vez.

Se, portanto, o homem concebe ideais, se não pode evitar concebê-los e atrelar-se a eles, é porque é um ser social. É a sociedade que o impulsiona e o obriga a, dessa forma, erguer-se acima de si mesmo, e é também a sociedade que lhe fornece os meios para tanto. Pelo simples fato de tomar consciência de si, a sociedade conduz o indivíduo a si mesmo e o arrebata a um círculo de vida superior. Ela não pode se constituir sem criar o ideal. Esses ideais são simplesmente as idéias em que vem a se figurar e se resumir a vida social, tal como ela é nos pontos culminantes de seu desenvolvimento. Diminuímos a sociedade quando não vemos nela nada mais que um corpo organizado em razão de certas funções vitais. Nesse corpo vive uma alma: é o conjunto dos ideais coletivos. Mas esses ideais não são as abstrações, frias representações intelectuais, despojadas de qualquer eficácia. Eles são essencialmente motores; afinal, por trás deles existem forças reais e atuantes: são as forças coletivas, forças naturais, por conseguinte, embora todas morais, e comparáveis àquelas que operam no resto do universo. O próprio ideal é uma força desse gênero; a ciência dele pode ser feita, portanto. Eis o que permite que o ideal possa se incorporar ao real: é que ele lhe vem enquanto o transcende. Os elementos de que é feito são emprestados da realidade, mas combinados de uma maneira nova. É a novidade da combinação que constitui a novidade do resultado. Abandonado a si mesmo, jamais o indivíduo conseguiria extrair de si os materiais necessários para tal construção. Deixado às próprias forças, como poderia ele ter tido a idéia e o poder de transcender a si mesmo? Sua experiência pessoal bem lhe pode permitir distinguir fins futuros e desejáveis e outros que já foram realizados. Mas o ideal, este não é somente alguma coisa que falta e que a pessoa anseia. Não é um simples futuro ao qual alguém aspira. Ele tem seu caráter; ele tem sua realidade. Nós o concebemos flutuante, impessoal, acima das vontades particulares que ele move. Se o ideal fosse produto da razão individual, de onde lhe poderia vir essa impessoalidade? Da impessoalidade da razão humana? Mas isso é retardar o problema, não resolvê-lo. Afinal, essa impessoalidade nada mais é que um fato, muito pouco diferente do primeiro, e que é preciso justificar. Se as razões comungam nesse ponto, não é porque vêm de uma mesma fonte, porque participam de uma razão comum?

Assim, para explicar os juízos de valor, não é necessário nem reduzi-los a juízos de realidade, dissipando a noção de valor, nem conduzi-los a não sei que faculdade pela qual o homem entraria em relação com um mundo transcendente. O valor vem muito mais da relação das coisas com os diferentes aspectos do ideal; mas o ideal não é uma fuga para um além misterioso; ele está na natureza e é da natureza. O pensamento distinto dedicou-se a ele tanto quanto ao resto do universo físico ou moral. Não é que um dia o pensamento possa esgotá-lo, dado que não esgota realidade alguma; mas o pensamento pode a isso se dedicar com a esperança de possuí-lo progressivamente, sem que possamos assinalar de antemão nenhum limite a seus progressos indefinidos. Desse ponto de vista, estamos em melhores condições de compreender como o valor das coisas pode ser independente de sua natureza. Os ideais coletivos não podem se constituir e tomar consciência deles mesmos senão sob a condição de se fixarem em coisas que possam ser vistas por todos, compreendidas por todos, representadas por todos os espíritos: desenhos figurados, emblemas de toda espécie, fórmulas escritas ou faladas, seres animados ou inanimados. E sem dúvida ocorre que, por algumas de suas propriedades, esses objetos tenham uma espécie de afinidade com o ideal e remetam a ele naturalmente. É então que as características intrínsecas da coisa podem parecer — a princípio erradamente — a causa geradora do valor. Mas o ideal pode também se incorporar a uma coisa qualquer: ele se instala onde quer. Toda espécie de circunstâncias contingentes pode determinar a maneira pela qual ele se fixa. Então, essa coisa, por mais vulgar que seja, é tornada sem igual. Eis como um corte de tecido pode se aureolar de sacralidade, como um minúsculo pedaço de papel pode se tornar uma coisa muito preciosa. Dois seres bem diferentes e bem desiguais, em muitos aspectos, se encarnam um mesmo ideal, parecem equivalentes; é que o ideal que eles simbolizam aparece então como o que existe de mais essencial neles, e joga para segundo plano todos os aspectos pelos quais divergem um do outro. É assim que o pensamento coletivo metamorfoseia tudo o que toca. Ele mistura os domínios, confunde os contrários, inverte o que poderíamos ver como a hierarquia natural dos seres, nivela as diferenças, diferencia os semelhantes; numa palavra, o pensamento coletivo substitui o mundo que nos revelam os sentidos por um mundo totalmente diferente, que não é senão a sombra projetada pelos ideais que ele construiu.

IV

Como devemos, portanto, conceber a relação entre os juízos de valor e os juízos de realidade?

Do que precede, resulta que não existe entre eles diferenças de natureza. Um juízo de valor exprime a relação de uma coisa com um ideal. Todavia, o ideal está dado como a coisa, ainda que de outra maneira; ele é, também, uma realidade à sua maneira. A relação expressa une, portanto, dois termos dados, exatamente como num juízo de existência. Deveríamos dizer que os juízos de valor põem em jogo os ideais? Mas não se dá outra coisa com os juízos de realidade. Afinal, os conceitos são igualmente construções do espírito, portanto, dos ideais; e não seria difícil demonstrar que são mesmo ideais coletivos, já que não podem se constituir senão na e pela linguagem, que é, em última instância, uma coisa coletiva. Os elementos do juízo são, portanto, os mesmo de uma parte e de outra. Não devemos dizer, todavia, que o primeiro desses juízos se reduz ao segundo, ou vice-versa. Se eles se assemelham, é porque são obra de uma única e mesma faculdade. Não existe uma maneira de pensar e de julgar para dispor sobre existências e outra para apreciar valores. Todo juízo tem necessariamente como base o dado: mesmo aqueles relacionados com o futuro emprestam seus materiais seja do presente, seja do passado. Por outro lado, todo juízo concretiza ideais. Portanto, não existe e não deve existir senão uma única faculdade de julgar.

Entretanto, a diferença que assinalamos em nosso percurso não deixa de subsistir. Se todo juízo concretiza ideais, estes são de espécies diferentes. O papel que lhes cabe é unicamente o de exprimir as realidades às quais se aplicam, de exprimi-las tais como elas são. São os conceitos propriamente ditos. Existem outros, ao contrário, cuja função é transfigurar as realidades às quais estão relacionados. São os ideais de valor. No primeiro caso, é o ideal que serve de símbolo para a coisa, de maneira a torná-la assimilável pelo pensamento. No segundo, é a coisa que serve de símbolo para o ideal e que o torna passível de ser representado pelos diferentes espíritos. Naturalmente, os juízos diferem de acordo com os ideais que empregam. Os primeiros se limitam a analisar a realidade e a traduzi-la tão fielmente quanto possível. Os segundos, ao contrário, dizem o aspecto novo com o qual a realidade se enriquece sob a ação do ideal. Sem dúvida, também esse aspecto é real, mas sob um título diferente e uma maneira diferente das propriedades inerentes ao objeto. A prova disso está em que uma mesma coisa pode perder o valor que tem ou adquirir um diferente sem mudar de natureza: basta que o ideal mude. O juízo de valor acrescenta, portanto, alguma coisa ao dado, em certo sentido, ainda que o que ele acrescenta seja emprestado de um dado de uma outra espécie. E assim a faculdade de julgar funciona diferentemente, de acordo com as circunstâncias, mas sem que essas diferenças alterem a unidade fundamental da função.

Por vezes a sociologia positivista foi repreendida por uma espécie de fetichismo empirista perante o fato e uma indiferença sistemática perante o ideal. Podemos ver o quanto a reprovação é injustificada. Os principais fenômenos sociais — religião, moral, direito, economia, estética — não são mais que sistemas de valores, portanto, de ideais. A sociologia entra, portanto, de chofre no ideal; não chega até ele lentamente, ao final de suas investigações; parte dele. O ideal é seu domínio próprio. A única coisa (e é por isto que ela poderia ser qualificada positiva se, unido ao substantivo ciência, tal adjetivo não constituísse pleonasmo) é que a sociologia não trata do ideal senão para fazer ciência. Não é que ela tente construí-lo; bem ao contrário, ela o toma como um dado, como um objeto de estudo, e tenta analisá-lo e explicá-lo. Na faculdade de ideal, a sociologia vê uma faculdade natural, da qual busca as causas e as condições, visando, se possível, ajudar os homens a regularem seu funcionamento. Definitivamente, a tarefa do sociólogo deve ser fazer reentrar o ideal, em todas as suas formas, na natureza, mas preservando todos os seus atributos constitutivos. E, se a empreitada não lhe parece impossível, é porque a sociedade cumpre todas as condições necessárias para justificar essas características opostas. Ela também vem da natureza, enquanto a domina. Não somente todas as forças do universo vêm aportar na sociedade, mas, além disso, nela são sintetizadas de maneira a dar origem a um produto que ultrapassa em riqueza, em complexidade e em potência de ação o que serviu para formá-lo. Numa palavra, a sociedade é a natureza, mas chegada ao mais alto ponto de seu desenvolvimento e concentrando todas as suas energias para transcender a si mesma de alguma maneira.

Sumário

Sociologia e Filosofia

Os Objetivos, a Filosofia e a Missão da Editora Martin Claret

O principal Objetivo da MARTIN CLARET é continuar a desenvolver uma grande e poderosa empresa editorial brasileira, para melhor servir a seus leitores.

A Filosofia de trabalho da MARTIN CLARET consiste em criar, inovar, produzir e distribuir, sinergicamente, livros da melhor qualidade editorial e gráfica, para o maior número de leitores e por um preço economicamente acessível.

A Missão da MARTIN CLARET é conscientizar e motivar as pessoas a desenvolver e utilizar o seu pleno potencial espiritual, mental, emocional e social.

A MARTIN CLARET está empenhada em contribuir para a difusão da educação e da cultura, por meio da democratização do livro, usando todos os canais ortodoxos e heterodoxos de comercialização.

A MARTIN CLARET, em sua missão empresarial, acredita na verdadeira função do livro: o livro muda as pessoas.

A MARTIN CLARET, em sua vocação educacional, deseja, por meio do livro, claretizar, otimizar e iluminar a vida das pessoas.

Revolucione-se: leia mais para ser mais!

MARTIN CLARET

Relação dos Volumes Publicados

1. **Dom Casmurro** *Machado de Assis*
2. **O Príncipe** *Maquiavel*
3. **Mensagem** *Fernando Pessoa*
4. **O Lobo do Mar** *Jack London*
5. **A Arte da Prudência** *Baltasar Gracián*
6. **Iracema / Cinco Minutos** *José de Alencar*
7. **Inocência** *Visconde de Taunay*
8. **A Mulher de 30 Anos** *Honoré de Balzac*
9. **A Moreninha** *Joaquim Manuel de Macedo*
10. **A Escrava Isaura** *Bernardo Guimarães*
11. **As Viagens - "Il Milione"** *Marco Polo*
12. **O Retrato de Dorian Gray** *Oscar Wilde*
13. **A Volta ao Mundo em 80 Dias** *Júlio Verne*
14. **A Carne** *Júlio Ribeiro*
15. **Amor de Perdição** *Camilo Castelo Branco*
16. **Sonetos** *Luís de Camões*
17. **O Guarani** *José de Alencar*
18. **Memórias Póstumas de Brás Cubas** *Machado de Assis*
19. **Lira dos Vinte Anos** *Álvares de Azevedo*
20. **Apologia de Sócrates / Banquete** *Platão*
21. **A Metamorfose/Um Artista da Fome/Carta a Meu Pai** *Franz Kafka*
22. **Assim Falou Zaratustra** *Friedrich Nietzsche*
23. **Triste Fim de Policarpo Quaresma** *Lima Barreto*
24. **A Ilustre Casa de Ramires** *Eça de Queirós*
25. **Memórias de um Sargento de Milícias** *Manuel Antônio de Almeida*
26. **Robinson Crusoé** *Daniel Defoe*
27. **Espumas Flutuantes** *Castro Alves*
28. **O Ateneu** *Raul Pompéia*
29. **O Noviço / O Juiz de Paz da Roça / Quem Casa Quer Casa** *Martins Pena*
30. **A Relíquia** *Eça de Queirós*
31. **O Jogador** *Dostoiévski*
32. **Histórias Extraordinárias** *Edgar Allan Poe*
33. **Os Lusíadas** *Luís de Camões*
34. **As Aventuras de Tom Sawyer** *Mark Twain*
35. **Bola de Sebo e Outros Contos** *Guy de Maupassant*
36. **A República** *Platão*
37. **Elogio da Loucura** *Erasmo de Rotterdam*
38. **Caninos Brancos** *Jack London*
39. **Hamlet** *William Shakespeare*
40. **A Utopia** *Thomas More*
41. **O Processo** *Franz Kafka*
42. **O Médico e o Monstro** *Robert Louis Stevenson*
43. **Ecce Homo** *Friedrich Nietzsche*
44. **O Manifesto do Partido Comunista** *Marx e Engels*
45. **Discurso do Método / Meditações** *René Descartes*
46. **Do Contrato Social** *Jean-Jacques Rousseau*
47. **A Luta pelo Direito** *Rudolf von Ihering*
48. **Dos Delitos e das Penas** *Cesare Beccaria*
49. **A Ética Protestante e o Espírito do Capitalismo** *Max Weber*
50. **O Anticristo** *Friedrich Nietzsche*
51. **Os Sofrimentos do Jovem Werther** *Goethe*
52. **As Flores do Mal** *Charles Baudelaire*
53. **Ética a Nicômaco** *Aristóteles*
54. **A Arte da Guerra** *Sun Tzu*
55. **Imitação de Cristo** *Tomás de Kempis*
56. **Cândido ou o Otimismo** *Voltaire*
57. **Rei Lear** *William Shakespeare*
58. **Frankenstein** *Mary Shelley*
59. **Quincas Borba** *Machado de Assis*
60. **Fedro** *Platão*
61. **Política** *Aristóteles*
62. **A Viuvinha / Encarnação** *José de Alencar*
63. **As Regras do Método Sociológico** *Émile Durkheim*
64. **O Cão dos Baskervilles** *Sir Arthur Conan Doyle*
65. **Contos Escolhidos** *Machado de Assis*
66. **Da Morte / Metafísica do Amor / Do Sofrimento do Mundo** *Arthur Schopenhauer*
67. **As Minas do Rei Salomão** *Henry Rider Haggard*
68. **Manuscritos Econômico-Filosóficos** *Karl Marx*
69. **Um Estudo em Vermelho** *Sir Arthur Conan Doyle*
70. **Meditações** *Marco Aurélio*
71. **A Vida das Abelhas** *Maurice Materlinck*
72. **O Cortiço** *Aluísio Azevedo*
73. **Senhora** *José de Alencar*
74. **Brás, Bexiga e Barra Funda / Laranja da China** *Antônio de Alcântara Machado*
75. **Eugênia Grandet** *Honoré de Balzac*
76. **Contos Gauchescos** *João Simões Lopes Neto*
77. **Esaú e Jacó** *Machado de Assis*
78. **O Desespero Humano** *Sören Kierkegaard*
79. **Dos Deveres** *Cícero*
80. **Ciência e Política** *Max Weber*
81. **Satíricon** *Petrônio*
82. **Eu e Outras Poesias** *Augusto dos Anjos*
83. **Farsa de Inês Pereira / Auto da Barca do Inferno / Auto da Alma** *Gil Vicente*
84. **A Desobediência Civil e Outros Escritos** *Henry David Toreau*
85. **Para Além do Bem e do Mal** *Friedrich Nietzsche*
86. **A Ilha do Tesouro** *R. Louis Stevenson*
87. **Marília de Dirceu** *Tomás A. Gonzaga*
88. **As Aventuras de Pinóquio** *Carlo Collodi*
89. **Segundo Tratado Sobre o Governo** *John Locke*
90. **Amor de Salvação** *Camilo Castelo Branco*
91. **Broquéis/Faróis/ Últimos Sonetos** *Cruz e Souza*
92. **I-Juca-Pirama / Os Timbiras / Outros Poemas** *Gonçalves Dias*
93. **Romeu e Julieta** *William Shakespeare*
94. **A Capital Federal** *Arthur Azevedo*
95. **Diário de um Sedutor** *Sören Kierkegaard*
96. **Carta de Pero Vaz de Caminha a El-Rei Sobre o Achamento do Brasil**
97. **Casa de Pensão** *Aluísio Azevedo*
98. **Macbeth** *William Shakespeare*

99. **Édipo Rei/Antígona**
Sófocles

100. **Lucíola**
José de Alencar

101. **As Aventuras de Sherlock Holmes**
Sir Arthur Conan Doyle

102. **Bom-Crioulo**
Adolfo Caminha

103. **Helena**
Machado de Assis

104. **Poemas Satíricos**
Gregório de Matos

105. **Escritos Políticos / A Arte da Guerra**
Maquiavel

106. **Ubirajara**
José de Alencar

107. **Diva**
José de Alencar

108. **Eurico, o Presbítero**
Alexandre Herculano

109. **Os Melhores Contos**
Lima Barreto

110. **A Luneta Mágica**
Joaquim Manuel de Macedo

111. **Fundamentação da Metafísica dos Costumes e Outros Escritos**
Immanuel Kant

112. **O Príncipe e o Mendigo**
Mark Twain

113. **O Domínio de Si Mesmo Pela Auto-Sugestão Consciente**
Émile Coué

114. **O Mulato**
Aluísio Azevedo

115. **Sonetos**
Florbela Espanca

116. **Uma Estadia no Inferno / Poemas / Carta do Vidente**
Arthur Rimbaud

117. **Várias Histórias**
Machado de Assis

118. **Fédon**
Platão

119. **Poesias**
Olavo Bilac

120. **A Conduta para a Vida**
Ralph Waldo Emerson

121. **O Livro Vermelho**
Mao Tsé-Tung

122. **Oração aos Moços**
Rui Barbosa

123. **Otelo, o Mouro de Veneza**
William Shakespeare

124. **Ensaios**
Ralph Waldo Emerson

125. **De Profundis / Balada do Cárcere de Reading**
Oscar Wilde

126. **Crítica da Razão Prática**
Immanuel Kant

127. **A Arte de Amar**
Ovídio Naso

128. **O Tartufo ou O Impostor**
Molière

129. **Metamorfoses**
Ovídio Naso

130. **A Gaia Ciência**
Friedrich Nietzsche

131. **O Doente Imaginário**
Molière

132. **Uma Lágrima de Mulher**
Aluísio Azevedo

133. **O Último Adeus de Sherlock Holmes**
Sir Arthur Conan Doyle

134. **Canudos - Diário de Uma Expedição**
Euclides da Cunha

135. **A Doutrina de Buda**
Siddharta Gautama

136. **Tao Te Ching**
Lao-Tsé

137. **Da Monarquia / Vida Nova**
Dante Alighieri

138. **A Brasileira de Prazins**
Camilo Castelo Branco

139. **O Velho da Horta/Quem Tem Farelos?/Auto da Índia**
Gil Vicente

140. **O Seminarista**
Bernardo Guimarães

141. **O Alienista / Casa Velha**
Machado de Assis

142. **Sonetos**
Manuel du Bocage

143. **O Mandarim**
Eça de Queirós

144. **Noite na Taverna / Macário**
Álvares de Azevedo

145. **Viagens na Minha Terra**
Almeida Garrett

146. **Sermões Escolhidos**
Padre Antonio Vieira

147. **Os Escravos**
Castro Alves

148. **O Demônio Familiar**
José de Alencar

149. **A Mandrágora / Belfagor, o Arquidiabo**
Maquiavel

150. **O Homem**
Aluísio Azevedo

151. **Arte Poética**
Aristóteles

152. **A Megera Domada**
William Shakespeare

153. **Alceste/Electra/Hipólito**
Eurípedes

154. **O Sermão da Montanha**
Huberto Rohden

155. **O Cabeleira**
Franklin Távora

156. **Rubáiyát**
Omar Khayyám

157. **Luzia-Homem**
Domingos Olímpio

158. **A Cidade e as Serras**
Eça de Queirós

159. **A Retirada da Laguna**
Visconde de Taunay

160. **A Viagem ao Centro da Terra**
Júlio Verne

161. **Caramuru**
Frei Santa Rita Durão

162. **Clara dos Anjos**
Lima Barreto

163. **Memorial de Aires**
Machado de Assis

164. **Bhagavad Gita**
Krishna

165. **O Profeta**
Khalil Gibran

166. **Aforismos**
Hipócrates

167. **Kama Sutra**
Vatsyayana

168. **O Livro da Jângal**
Rudyard Kipling

169. **De Alma para Alma**
Huberto Rohden

170. **Orações**
Cícero

171. **Sabedoria das Parábolas**
Huberto Rohden

172. **Salomé**
Oscar Wilde

173. **Do Cidadão**
Thomas Hobbes

174. **Porque Sofremos**
Huberto Rohden

175. **Einstein: o Enigma do Universo**
Huberto Rohden

176. **A Mensagem Viva do Cristo**
Huberto Rohden

177. **Mahatma Gandhi**
Huberto Rohden

178. **A Cidade do Sol**
Tommaso Campanella

179. **Setas para o Infinito**
Huberto Rohden

180. **A Voz do Silêncio**
Helena Blavatsky

181. **Frei Luís de Sousa**
Almeida Garrett

182. **Fábulas**
Esopo

183. **Cântico de Natal/ Os Carrilhões**
Charles Dickens

184. **Contos**
Eça de Queirós

185. **O Pai Goriot**
Honoré de Balzac

186. **Noites Brancas e Outras Histórias**
Dostoiévski

187. **Minha Formação**
Joaquim Nabuco

188. **Pragmatismo**
William James

189. **Discursos Forenses**
Enrico Ferri

190. **Medéia**
Eurípedes

191. **Discursos de Acusação**
Enrico Ferri

192. **A Ideologia Alemã**
Marx & Engels

193. **Prometeu Acorrentado**
Ésquilo

194. **Iaiá Garcia**
Machado de Assis

195. **Discursos no Instituto dos Advogados Brasileiros / Discurso no Colégio Anchieta**
Rui Barbosa

196. **Édipo em Colono**
Sófocles

197. **A Arte de Curar pelo Espírito**
Joel S. Goldsmith

198. **Jesus, o Filho do Homem**
Khalil Gibran

199. **Discurso sobre a Origem e os Fundamentos da Desigualdade entre os Homens**
Jean-Jacques Rousseau

200. Fábulas
La Fontaine

201. O Sonho de uma Noite de Verão
William Shakespeare

202. Maquiavel, o Poder
José Nivaldo Junior

203. Ressurreição
Machado de Assis

204. O Caminho da Felicidade
Huberto Rohden

205. A Velhice do Padre Eterno
Guerra Junqueiro

206. O Sertanejo
José de Alencar

207. Gitanjali
Rabindranath Tagore

208. Senso Comum
Thomas Paine

209. Canaã
Graça Aranha

210. O Caminho Infinito
Joel S. Goldsmith

211. Pensamentos
Epicuro

212. A Letra Escarlate
Nathaniel Hawthorne

213. Autobiografia
Benjamin Franklin

214. Memórias de Sherlock Holmes
Sir Arthur Conan Doyle

215. O Dever do Advogado / Posse de Direitos Pessoais
Rui Barbosa

216. O Tronco do Ipê
José de Alencar

217. O Amante de Lady Chatterley
D. H. Lawrence

218. Contos Amazônicos
Inglês de Souza

219. A Tempestade
William Shakespeare

220. Ondas
Euclides da Cunha

221. Educação do Homem Integral
Huberto Rohden

222. Novos Rumos para a Educação
Huberto Rohden

223. Mulherzinhas
Louise May Alcott

224. A Mão e a Luva
Machado de Assis

225. A Morte de Ivan Ilicht / Senhores e Servos
Leon Tolstói

226. Álcoois e Outros Poemas
Apollinaire

227. Pais e Filhos
Ivan Turguêniev

228. Alice no País das Maravilhas
Lewis Carroll

229. À Margem da História
Euclides da Cunha

230. Viagem ao Brasil
Hans Staden

231. O Quinto Evangelho
Tomé

232. Lorde Jim
Joseph Conrad

233. Cartas Chilenas
Tomás Antônio Gonzaga

234. Odes Modernas
Anntero de Quental

235. Do Cativeiro Babilônico da Igreja
Martinho Lutero

236. O Coração das Trevas
Joseph Conrad

237. Thais
Anatole France

238. Andrômaca / Fedra
Racine

239. As Catilinárias
Cícero

240. Recordações da Casa dos Mortos
Dostoiévski

241. O Mercador de Veneza
William Shakespeare

242. A Filha do Capitão / A Dama de Espadas
Aleksandr Púchkin

243. Orgulho e Preconceito
Jane Austen

244. A Volta do Parafuso
Henry James

245. O Gaúcho
José de Alencar

246. Tristão e Isolda
Lenda Medieval Celta de Amor

247. Poemas Completos de Alberto Caeiro
Fernando Pessoa

248. Maiakósvski
Vida e Poesia

249. Sonetos
William Shakespeare

250. Poesia de Ricardo Reis
Fernando Pessoa

251. Papéis Avulsos
Machado de Assis

252. Contos Fluminenses
Machado de Assis

253. O Bobo
Alexandre Herculano

254. A Oração da Coroa
Demóstenes

255. O Castelo
Franz Kafka

256. O Trovejar do Silêncio
Joel S. Goldsmith

257. Alice na Casa dos Espelhos
Lewis Carrol

258. Miséria da Filosofia
Karl Marx

259. Júlio César
William Shakespeare

260. Antônio e Cleópatra
William Shakespeare

261. Filosofia da Arte
Huberto Rohden

262. A Alma Encantadora das Ruas
João do Rio

263. A Normalista
Adolfo Caminha

264. Pollyanna
Eleanor H. Porter

265. As Pupilas do Senhor Reitor
Júlio Diniz

266. As Primaveras
Casimiro de Abreu

267. Fundamentos do Direito
Léon Duguit

268. Discursos de Metafísica
G. W. Leibniz

269. Sociologia e Filosofiia
Émile Durkheim

270. Cancioneiro
Fernando Pessoa

271. A Dama das Camélias
Alexandre Dumas (filho)

272. O Divórcio / As Bases da Fé / e outros textos
Rui Barbosa

273. Pollyanna Moça
Eleanor H. Porter

274. O 18 Brumário de Luís Bonaparte
Karl Marx

275. Teatro de Machado de Assis
Antologia

276. Cartas Persas
Montesquieu

277. Em Comunhão com Deus
Huberto Rohden

278. Razão e Sensibilidade
Jane Austen

279. Crônicas Selecionadas
Machado de Assis

280. Histórias da Meia-Noite
Machado de Assis

281. Cyrano de Bergerac
Edmond Rostand

282. O Maravilhoso Mágico de Oz
L. Frank Baum

283. Trocando Olhares
Florbela Espanca

284. O Pensamento Filosófico da Antiguidade
Huberto Rohden

285. Filosofia Contemporânea
Huberto Rohden

286. O Espírito da Filosofia Oriental
Huberto Rohden

287. A Pele do Lobo / O Badejo / o Dote
Artur Azevedo

288. Os Bruzundangas
Lima Barreto

289. A Pata da Gazela
José de Alencar

290. O Vale do Terror
Sir Arthur Conan Doyle

291. O Signo dos Quatro
Sir Arthur Conan Doyle

292. As Máscaras do Destino
Florbela Espanca

293. A Confissão de Lúcio
Mário de Sá-Carneiro

294. Falenas
Machado de Assis

295. O Uraguai / A Declamação Trágica
Basílio da Gama

296. Crisálidas
Machado de Assis

297. Americanas
Machado de Assis

298. A Carteira de Meu Tio
Joaquim Manuel de Macedo

299. Catecismo da Filosofia
Huberto Rohden

301. Rumo à Consciência Cósmica
Huberto Rohden

302. **Cosmoterapia**
Huberto Rohden

303. **Bodas de Sangue**
Federico García Lorca

304. **Discurso da Servidão Voluntária**
Étienne de la Boétie

305. **Categorias**
Aristóteles

306. **Manon Lescaut**
Abade Prévost

307. **Teogonia / Trabalhos e Dias**
Hesíodo

308. **As Vítimas Algozes**
Joaquim Manuel de Macedo

309. **Persuasão**
Jane Austen

Série Ouro
(Livros com mais de 400 p.)

1. **Leviatã**
Thomas Hobbes

2. **A Cidade Antiga**
Fustel de Coulanges

3. **Crítica da Razão Pura**
Immanuel Kant

4. **Confissões**
Santo Agostinho

5. **Os Sertões**
Euclides da Cunha

6. **Dicionário Filosófico**
Voltaire

7. **A Divina Comédia**
Dante Alighieri

8. **Ética Demonstrada à Maneira dos Geômetras**
Baruch de Spinoza

9. **Do Espírito das Leis**
Montesquieu

10. **O Primo Basílio**
Eça de Queirós

11. **O Crime do Padre Amaro**
Eça de Queirós

12. **Crime e Castigo**
Dostoiévski

13. **Fausto**
Goethe

14. **O Suicídio**
Émile Durkheim

15. **Odisséia**
Homero

16. **Paraíso Perdido**
John Milton

17. **Drácula**
Bram Stocker

18. **Ilíada**
Homero

19. **As Aventuras de Huckleberry Finn**
Mark Twain

20. **Paulo – O 13º Apóstolo**
Ernest Renan

21. **Eneida**
Virgílio

22. **Pensamentos**
Blaise Pascal

23. **A Origem das Espécies**
Charles Darwin

24. **Vida de Jesus**
Ernest Renan

25. **Moby Dick**
Herman Melville

26. **Os Irmãos Karamazovi**
Dostoiévski

27. **O Morro dos Ventos Uivantes**
Emily Brontë

28. **Vinte Mil Léguas Submarinas**
Júlio Verne

29. **Madame Bovary**
Gustave Flaubert

30. **O Vermelho e o Negro**
Stendhal

31. **Os Trabalhadores do Mar**
Victor Hugo

32. **A Vida dos Doze Césares**
Suetônio

34. **O Idiota**
Dostoiévski

35. **Paulo de Tarso**
Huberto Rohden

36. **O Peregrino**
John Bunyan

37. **As Profecias**
Nostradamus

38. **Novo Testamento**
Huberto Rohden

39. **O Corcunda de Notre Dame**
Victor Hugo

40. **Arte de Furtar**
Anônimo do século XVII

41. **Germinal**
Émile Zola

42. **Folhas de Relva**
Walt Whitman

43. **Ben-Hur — Uma História dos Tempos de Cristo**
Lew Wallace

44. **Os Maias**
Eça de Queirós

45. **O Livro da Mitologia**
Thomas Bulfinch

46. **Os Três Mosqueteiros**
Alexandre Dumas

47. **Poesia de Álvaro de Campos**
Fernando Pessoa

48. **Jesus Nazareno**
Huberto Rohden

49. **Grandes Esperanças**
Charles Dickens

50. **A Educação Sentimental**
Gustave Flaubert

51. **O Conde de Monte Cristo (Volume I)**
Alexandre Dumas

52. **O Conde de Monte Cristo (Volume II)**
Alexandre Dumas

53. **Os Miseráveis (Volume I)**
Victor Hugo

54. **Os Miseráveis (Volume II)**
Victor Hugo

55. **Dom Quixote de La Mancha (Volume I)**
Miguel de Cervantes

56. **Dom Quixote de La Mancha (Volume II)**
Miguel de Cervantes

58. **Contos Escolhidos**
Artur Azevedo

59. **As Aventuras de Robin Hood**
Howard Pyle